● 「英語理解1・2」共通テキスト ●

Boost Up!

CIT English Starter

千葉工業大学教育センター英語教室［著］

明月堂書店

CHARACTERS

Rina

未来変革科学部1年生。
大阪出身。在日韓国人。
寮生。IT業界で起業し
たい。

Yuki

先進工学部1年生。
北海道出身。寮生。友
だちのようなロボット
を作りたい。

Kenji

創造工学部1年生。
千葉出身。実家から通
学。将来の夢はまだ決
まっていない。

Andy

情報変革科学部1年生。
静岡出身。父はブラジル人。
津田沼で一人暮らし。プロ
グラマーになってゲーム業
界で働きたい。

Peter
先進工学研究科M1。
台湾からの留学生。自
動運転技術の開発に関
わる仕事がしたい。

Khulan
工学部3年生。
モンゴルからの留学生。
チバニークラブ部長。再
生可能エネルギーの開発
に関わる仕事がしたい。

Dr. Smith
教育センター英語教室教授。
チバニークラブ顧問。アメリカ出身。

INTRODUCTION

この教科書では、反復練習を通じて英文の基本パターンを身につけ、
英語の反射神経を鍛えます。リスニングや会話のスキルが向上するだ
けでなく、英語の文構造が理解できるようになり、読解や作文のスキ
ルも向上します。国際交流サークル「チバニークラブ」の仲間たちと
いっしょに、1年間、楽しくがんばりましょう！

この教科書の使い方

　この教科書は、1950年代にミシガン大学の言語学者チャールズ・フリースらによって提唱された**「オーディオリンガル・メソッド」（Audio-Lingual Method：AL法）**という教授法を採用しています。AL法は、同じ表現を反復して練習することで言語能力の向上を目指すという、構造主義言語学と行動主義心理学に基づいた方法で、その高い効果が近年再評価されています。私たちは、千葉工業大学の学生にそれぞれの専門分野で求められる水準の英語能力を身につけてもらいたいという願いから、この教授法に基づいたテキストを作成しました。

　「ミムメム」（Mim-Mem：Mimicry-Memorization）によるパターン・プラクティスが、この教授法の大きな特徴です。これはモデル発話を聞き、繰り返し模倣することで、記憶にとどめさせる練習です。「文法は理解できたけど実際には使えない」という壁を越えるべく、実際に口に出して能動的に練習できる機会を多く設けました。この「古くて新しい」パターン・プラクティスで、反復練習を徹底的に行い、英語力を伸ばしましょう。

　練習は、「Get Ready」「Let's Try」「Keep Going」の3つの学習段階に分かれます。この3つの段階は、文法指導法のひとつであるPPPモデルを適用したものです。この手法では、学習は**「掲示」（Presentation）、「練習」（Practice）、「応用」（Production）**の順序で行われます。「掲示」では、その回の文法項目が説明されます。「練習」では、学習した文法項目の反復練習が行われます。そして「応用」では、練習した文法項目を実際に使用するタスクが与えられます。それぞれの学習段階に狙いがありますので、それを把握して学習することが大切です。

①Get Ready：「掲示」に相当します。例文を使いながら、教員が文法項目を解説します。解説を聞いてメモを書き込みながら、この段階で各章ごとにターゲットとなっている文法項目を理解しましょう。

②Let's Try：「練習」に該当します。この教科書のメインとなる段階です。まず Get Ready で理解した文法項目が用いられている基本文を３つ暗唱します。モデル発話を聞き、リピートすることで基本文の記憶への定着を狙います。その後、与えられた条件に合うように、覚えた文を自分の力でアレンジして発話します。この時のポイントは、文字に頼らないということです。このように、基礎から応用への橋を渡るための訓練を、この段階で行います。

③Keep Going：「応用」の段階です。Let's Try で反復練習して記憶に定着させた文を、さらに応用させる練習問題を用意しました。ここで本当に基礎を理解できているか、そして自分の力で応用することができるか、書きながら確かめましょう。

また、各章末の付録では、工大生のみなさんに覚えてほしい様々な英語表現とあわせて、アクセントや音声変化などの発音の解説を行っています。ただ機械的に英語表現を練習するのではなく、英語特有のリズムや発音を理解しながら反復することで、文法や構文の理解だけでなく、リスニングに関わるリテンション（聞いた文を短期的に記憶に留める力）やスピーキングの流暢さの向上も目指します。

大学でみなさんが得る知識と技術は、日本国内にとどまらず、世界中で求められています。その期待に応えるためにも、必要とされる英語力を身につけましょう。

Be brave and participate to progress!

著者一同

音声教材について

音声教材（MP3）ファイルは、各クラスの**manaba**で公開されています。**コースコンテンツ「教科書音声ファイル」**からダウンロードしてください。ダウンロードした音声は、iPad、スマホ、PCなどで再生可能です。

　この音声教材には、DIALOGUEとLET'S TRYの音声が収録されています。それぞれの問題に対応する音声のトラック番号は、教科書に印刷されている番号を参照してください。

　また、LET'S TRYの音声には問題文も収録されていますので、教科書を見ずに音声だけで復習することも可能です。耳と口を使って何度も反復練習することで、スムーズに発話できるようになり、知識もしっかり定着します。

※manabaからダウンロードできない場合は、下記のサイトで再生・ダウンロードすることも可能です。
CIT英語教室
https://citenglishdivision.wixsite.com/cit-site

CONTENTS

I live in a dormitory on campus.

SVの文

● DIALOGUE ● ◁)) 1

Andy and Yuki are talking in a classroom.

Andy: Your train pass holder is really cute! Is that Chibany?

Yuki: Yes, it is. I bought it at the school store.

Andy: Cool! So, do you commute to school by train?

Yuki: Actually, no. I don't commute by train because I live in a dormitory on campus. I use this not as a pass holder but as an ID holder. See? How about you?

Andy: I come to Shin-narashino Campus by bus. I live in an apartment near Tsudanuma station.

Yuki: I see.

アンディ：君のパスケース、本当にかわいいね。これはチバニー？

ユキ：うん、そうだよ。購買で買ったの。

アンディ：いいね！じゃあ、電車で通学してるの？

ユキ：ううん。キャンパス内の寮に住んでいるから、電車通学ってわけじゃないんだ。これは
　　　パスケースではなく学生証ケースとして使っているの。ほらね。あなたは？

アンディ：僕はバスで新習志野キャンパスに来ているよ。津田沼駅の近くのアパートに住んで
　　　いるんだ。

ユキ：へえ、そうなんだ。

1. 基本形

第1文型 S V

①I walk. 私は歩く。

②Birds fly. 鳥は飛ぶ。

S が3人称 (私／あなた以外)・単数・現在形

③She works. 彼女は働く。

④Jack talks. ジャックは話す。

1. 音声または先生の音読を復唱し、以下の基本文を暗記しましょう。 ◁)2
　　1-A) I walk. 私は歩く。
　　2-A) She works. 彼女は働く。
　　3-A) Birds fly. 鳥は飛ぶ。

2. 暗記した基本文を参考に [ ] 内の語句を使って、次の文を英語に訳しましょう。 ◁)3
　　1-B) 私たちは歩く。 [we]
　　1-C) このロボットは歩く。 [this robot]
　　2-B) 会社員たちは働く。 [office workers]
　　2-C) 私の叔母は働く。 [my aunt]
　　3-B) ドローンは飛ぶ。 [drones]
　　3-C) あの大きな機械は飛ぶ。 [that big machine]

3. 音声または先生のお手本を聞いて、1と2の文を続けて音読しましょう。 ◁)4

2. 前置詞＋名詞

I come to Shin-narashino Campus by bus.
I live in a dormitory on campus.

● GET READY ●

A）前置詞＋名詞で名詞を修飾

①a dormitory on campus　キャンパス内の学生寮

②a travel agency in Tokyo　東京の旅行代理店

B）前置詞＋名詞で名詞以外を修飾

③I live in a dormitory.　私は学生寮に住んでいます。

④My sister works for a travel agency.　姉は旅行代理店に勤めています。

● LET'S TRY ●

1．音声または先生の音読を復唱し、以下の基本文を暗記しましょう。　🔊5

　1 - A）I live in a dormitory on campus.　私はキャンパス内の学生寮に住んでいます。

　2 - A）My sister works for a travel agency in Tokyo.　姉は東京の旅行代理店に勤めています。

　3 - A）I commute to school by train.　私は電車で通学しています。

2．暗記した基本文を参考に［　］内の語句を使って、次の文を英語に訳しましょう。🔊6

　1 - B）僕は津田沼駅の近くのアパートに住んでいます。

[an apartment / Tsudanuma station]

　1 - C）ケンジは公園の裏にある家に住んでいます。　　　　[behind the park]

　2 - B）兄はIT企業の人事部に勤めています。［in human resources for an IT company］

　2 - C）私の両親はAIの研究者として働いています。［my parents / as researchers in AI］

　3 - B）私の弟はバスで通学しています。　　　　　　　　　　　[by bus]

　3 - C）多くの人たちは会社に地下鉄で通っています。　　[to the office / by subway]

3．音声または先生のお手本を聞いて、1と2の文を続けて音読しましょう。🔊7

3. 否定文

I don't commute by train.

● GET READY ●

一般動詞の否定文 (現在形)

①I commute to school by train.　私は電車で通学しています。

➡ I don't commute to school by train.　私は電車で通学していません。

主語が三人称・単数 (現在形)

②Yuki commutes to school by train.　ユキは電車で通学しています。

➡ Yuki doesn't commute to school by train.　ユキは電車で通学していません。

●LET'S TRY●

1. 音声または先生の音読を復唱し、以下の基本文を暗記しましょう。 ◁))8

　1-A) I don't commute to school by train.　私は電車で通学していません。

　2-A) I don't live in a dormitory on campus.　私はキャンパス内の学生寮に住んでいません。

　3-A) The plane doesn't depart from Narita airport.

　　　　　その飛行機は成田空港からは出発しません。

2. 暗記した基本文を参考に [　] 内の語句を使って、次の文を英語に訳しましょう。 ◁))9

　1-B) アンディは電車で通学していません。　　　　　　　　　　　　　　[Andy]

　1-C) ケンジは電車で通学しています。　　　　　　　　　　　　　　　　[Kenji]

　2-B) リナは津田沼のアパートには住んでいません。　　[an apartment in Tsudanuma]

　2-C) リナはキャンパス内の学生寮に住んでいます。　　　　　　　　　　[Rina]

　3-B) その列車は5番線からは出発しません。　　　　　　[the train / from track 5]

　3-C) その列車は3番線には到着しません。　　　　　　　[arrive / on track 3]

3. 音声または先生のお手本を聞いて、1と2の文を続けて音読しましょう。 ◁))10

4. 疑問文

Do you commute to school by train?

一般動詞の疑問文 (現在形)

①They commute to school by train.　彼らは電車で通学しています。

➡ Do they commute to school by train?　彼らは電車で通学していますか。

Sが三人称・単数の場合 (現在形)

②Kenji commutes to school by train.　ケンジは電車で通学しています。

➡ Does Kenji commute to school by train?　ケンジは電車で通学していますか。

1. 音声または先生の音読を復唱し、以下の基本文を暗記しましょう。 🔊11

　　1-A）Do you commute to school by train?　あなたは電車で通学していますか。

　　2-A）Does your sister work for a hospital?　あなたのお姉さんは病院で働いていますか。

　　3-A）Does Kenji get up at six in the morning?　ケンジは朝6時に起きますか。

2. 暗記した基本文を参考に [　] 内の語句を使って、次の文を英語に訳しましょう。 🔊12

　　1-B）アンディは電車で通学していますか。　　　　　　　　　　　　　[Andy]

　　1-C）ケンジはバスで通学していません。　　　　　　　　　　　　　[Kenji]

　　2-B）あなたのお兄さんは証券会社で働いていますか。　　[in a securities firm]

　　2-C）私はエンジニアとして働いています。　　　　　　　　[as an engineer]

　　3-B）あなたは朝7時に起きますか。　　　　　　　　　　　　[you / seven]

　　3-C）リナは朝5時に起きません。　　　　　　　　　　　　　[Rina / five]

3. 音声または先生のお手本を聞いて、1と2の文を続けて音読しましょう。 🔊13

KEEP GOING

（　　）内の語句を使って、日本語を英語にしてみましょう。

1）この人型ロボットは若い男の子のように喋る。

(this humanoid robot / speak / a young boy)

2）エンジニアたちは働く。　　　　　　　　　　　　　　　　　(engineers)

3）私のラジコンヘリは飛ぶ。　　　　　　　(radio-controlled helicopter)

4）私はキャンパス内の学生寮に住んでいます。　　　　　　(on campus)

5）彼は津田沼駅の近くのアパートに住んでいます。　　(an apartment)

6）私の兄は東京の建築設計事務所に勤めています。　(an architect's office)

7）ピーターの姉は商社に勤めています。　　　(in a trading company)

8）ケンジはバスで通学していません。　　　(commute to school)

9）私は電車で通学していません。　　　　　(commute to school)

10）ケンジは自転車で通学していますか。　　　　　　　　(by bike)

11）彼女のお姉さんはエンジニアとして働いていますか。　(as an engineer)

12）あなたは朝6時に起きますか。　　　　　(at six in the morning)

付録1：主な前置詞リスト

　英語の前置詞は、直後に名詞を伴う〈前置詞＋名詞〉の形で、位置関係、時間、論理的な繋がりなどを示すのに用いられます。2語以上を組み合わせて用いられる「群前置詞」も含め、英語には100以上の前置詞があると言われていますが、このページでは「場所（位置・移動）」を示す前置詞の一部を紹介します。

●位置を示す主な前置詞

上に	(接触して) on：a book on the desk　机の上の本 (離れて) over：a bridge over the river　川の上にかかった橋 (超えて) above：an airplane above the cloud　雲の上の飛行機
下に	under：a cat under the desk　机の下にいるネコ beneath：the ground beneath my feet　足の下の地面
間に	between：a secret between you and me　君と僕の間の秘密
中に	in：chocolate in a box　箱の中のチョコレート inside：a dog inside the tent　テントの中の犬 (3つ以上の中に) among：a spy among us　我々の中のスパイ
外に	outside：the light outside the house　家の外の灯り
近くに	by：a house by the sea　海辺の家 beside：a girl beside the window　窓辺の少女 (隣に) next to：a man next to me　私の隣にいる男の人 (周囲に) around：chairs around the table　テーブルの周りの椅子
前に	in front of：a statue in front of the castle　城の前の像

●移動を示す主な前置詞

～に	in (広い地域)：arrive in Chiba　千葉に着く at (狭い地点)：arrive at Chiba Station　千葉駅に着く
～から	from：come from Osaka　大阪から来る
～へ	to：go to Tokyo　東京へ行く
～に向かって	toward (方向)：run toward the door　ドアに向かって走る
～を通って	through：go through the gate　門をくぐる
～の外へ	out of：go out of the room　部屋の外へ出る
～を渡って	across：walk across the road　道路を横断する

CHAPTER 2

Are you a freshman?

SVC • There is ～

● **DIALOGUE** ● 🔊14

Khulan is talking to Kenji on campus at an extracurricular club recruitment event.

Khulan: Hi there! Are you a freshman?

Kenji: Yes, kind of...

Khulan: "Kind of"? What do you mean by "kind of"?

Kenji: No, yes... Oh, I'm sorry, this is my first year here.

Khulan: Hey, I'm Khulan, a junior and president of the Chibany Club. It's nice to meet you. I'm here to ask freshmen like you to join us.

Kenji: Oh, I see, but what is the Chibany Club?

Khulan: It's an extracurricular club, and our purpose is to spend time with many people from all over the world. There are many students of various nationalities in our group. I'm from Mongolia. Are you interested in our club?

Kenji: Yes, kind..., no, oh, yes, I am.

ホラン：こんにちは！　新入生ですか？

ケンジ：はい、そんな感じです。

ホラン：「そんな感じ」って。どういうことかな？

ケンジ：いいえ、はい……えっと、ごめんなさい。1年生です。

ホラン：私はホラン。CITの3年生でチバニークラブの部長をやっているの。よろしくね。ここ
　　で君みたいな新入生にうちのサークルに入らないか、勧誘しているの。

ケンジ：ああ、そうなんですか。でも、チバニークラブってなんですか。

ホラン：サークルよ。私たちの目的は世界中のたくさんの人たちと交流することなの。私たち
　　のサークルにはいろいろな国の人たちがたくさんいるわ。私はモンゴル出身だし。私たちの
　　クラブに興味ある？

ケンジ：うん、なんとな……いえ、あ、はい、あります。

1.SVC

I'm sorry, this is my first year here.
I'm Khulan, a junior and president of the Chibany Club.
Our purpose is to spend time with many people from all over the world.

● GET READY ●

S = C : be動詞

① Khulan is a junior at CIT.　ホランはCITの3年生です。

② Kenji is interested in the Chibany Club.　ケンジはチバニークラブに興味があります。

S = C : 一般動詞　seem, appear, look, feel, become, keep, prove など

ホランが話しかけてきたとき、ケンジはドキドキしました。
③ Kenji felt nervous when Khulan talked to him.

④ Kenji became a member of the Chibany Club.　ケンジはチバニークラブの部員になりました。

● LET'S TRY ●

1. 音声または先生の音読を復唱し、以下の基本文を暗記しましょう。　◁))15
　1-A) Khulan is a junior at CIT.　ホランはCITの3年生です。
　2-A) Kenji is interested in the Chibany Club.　ケンジはチバニークラブに興味があります。
　3-A) Kenji felt nervous when Khulan talked to him.
　　　　ホランが話しかけてきたとき、ケンジはドキドキしました。

2. 暗記した基本文を参考に [ ]内の語句を使って、次の文を英語に訳しましょう。◁))16
　1-B) ケンジはCITの1年生です。　　　　　　　　　　　　　　　　　[a freshman]
　1-C) スミス先生はCITの英語の先生です。　　　[an English teacher / Dr. Smith]
　2-B) リナは異文化への好奇心が強い。　　　[curious / Rina / other cultures / about]
　2-C) ケンジはホランの話に興味を持ったようだった。　　　[Khulan's story / seem]
　3-B) ケンジはその知らせを聞いてほっとした。　　　[at / relieved / the news]
　3-C) アンディはスミス先生の授業の後、空腹を感じた。

　　　　　　　　　　　　　　　　　[hungry / Andy / Dr. Smith's class / after]

3. 音声または先生のお手本を聞いて、1と2の文を続けて音読しましょう。◁))17

2. SVで使うbe動詞とThere is構文

I'm here to ask freshmen like you to join us.
There are many students of various nationalities in our group.

● GET READY ●

SVで使うbe動詞

①Many students are in the Chibany Club.　チバニークラブにはたくさんの学生がいる。

②Your notebook is on the desk.　君のノートがその机の上にあるよ。

③I will be there in ten minutes.　10分でそこに行くよ。

There is 構文：すべてのSVのbe動詞がこの構文に書き換えられるわけではない

私たちのサークルにはいろいろな国の人たちがたくさんいるわ。

④There are many students in the Chibany Club.

● LET'S TRY ●

1. 音声または先生の音読を復唱し、以下の基本文を暗記しましょう。　◁)) 18

　1-A) Your notebook is on the desk.　君のノートがその机の上にあるよ。

　2-A) I will be there in ten minutes.　10分でそこに行くよ。

　3-A) There are many students in the Chibany Club.
　　　　チバニークラブにはたくさんの学生がいる。

2. 暗記した基本文を参考に［ ］内の語句を使って、次の文を英語に訳しましょう。◁)) 19

　1-B) 君のカバンが中庭のベンチの上にあったよ。　　　[bench / courtyard / in / bag]

　1-C) このスマートフォンが5104教室の机の上にありました。

　　　　　　　　　　　　　　　[Classroom No. 5104 / in / this smartphone]

　2-B) ユキは隣の部屋にいるに違いない。　　　　[must / the next room / in]

　2-C) ユキなら学食の前の大きな木の前のベンチにいるよ。

　　　　　　　　[the cafeteria / Yuki / in front of / the big tree / by]

　3-B) その問題を解く別の方法があるはずだ。

　　　　　　　　[solve / another way / the problem / must]

　3-C) 土曜の夜に寮でダンスパーティーが開かれる。

　　　　　　　　[in / Saturday night / a dance party / on / will / the dormitory]

3. 音声または先生のお手本を聞いて、1と2の文を続けて音読しましょう。◁)) 20

3.否定文

be動詞の場合

①This isn't my first year in CIT.　ぼくはCITの一年生じゃありません。

②Rina isn't in the second year of CIT.　リナはCITの二年生じゃないよ。

③There aren't any students in the cafeteria.　学食に学生が一人もいないよ。

一般動詞の場合

④He didn't look interested in this game.　彼はこのゲームに興味があるように見えなかった。

● LET'S TRY ●

1. 音声または先生の音読を復唱し、以下の基本文を暗記しましょう。 ◁))21
　1-A）Rina isn't in the second year at CIT.　リナはCITの二年生じゃないよ。
　2-A）There aren't any students in the cafeteria.　学食に学生が一人もいないよ。
　3-A）He didn't look interested in this game.
　　　　彼はこのゲームに興味があるように見えなかった。

2. 暗記した基本文を参考に [ ] 内の語句を使って、次の文を英語に訳しましょう。 ◁))22
　1-B）ピーターはCITの四年生ではない。　　　　　　　　[fourth / Peter]
　1-C）リナは図書館にはいなかった。　　　　　　　　　[the library / Rina]
　2-B）部室にはだれもいなかった。　　　　　　　　[anyone / the clubroom]
　2-C）その檻には動物が一匹もいなかった。　　　　　[the cage / animals]
　3-B）そのニュースを聞いても、彼は驚いたようには見えなかった。
　　　　　　　　　　　　　　　　　　　　　[surprised / the news / at]
　3-C）アンディは犬を怖がっているようには見えなかった。　[afraid / Andy / dogs / of]

3. 音声または先生のお手本を聞いて、1と2の文を続けて音読しましょう。 ◁))23

4.疑問文

Are you a freshman?
Are you interested in our club?

● GET READY ●

be動詞の場合

①Is the first year of CIT hard?　CITの一年目は大変ですか？

②Is Kenji at the school gate?　ケンジは校門のところにいる？

③Is there anything I can do for you?　私にできることは何かありますか（ご用はありますか）？

一般動詞の場合

④Do you feel happy now?　今、幸せを感じていますか。

● LET'S TRY ●

1. 音声または先生の音読を復唱し、以下の基本文を暗記しましょう。 ◁))24

　1-A）Is the first year of CIT hard?　CITの一年目は大変ですか？

　2-A）Is there anything I can do for you?

　　　　私にできることは何かありますか（ご用はありますか）？

　3-A）Do you feel happy now?　今、幸せを感じていますか。

2. 暗記した基本文を参考に [ ]内の語句を使って、次の文を英語に訳しましょう。 ◁))25

　1-B）大学の一年目は本当に重要ですか。　　　　　　　　　　[important / really]

　1-C）寮での生活は面白いですか。　　　　　　　　　[interesting / your dorm life]

　2-B）チバニークラブには今、二年生がいますか。　　　　　[now / any sophomores]

　2-C）この授業には四年生がいますか。　　　　　　　[this class / any seniors]

　3-B）その時気がとがめましたか。　　　　　　　　　　　　[then / guilty]

　3-C）アンディはいつもリラックスして見えますか。　　[relaxed / look / always]

3. 音声または先生のお手本を聞いて、1と2の文を続けて音読しましょう。 ◁))26

KEEP GOING

（　　）内の語句を使って、日本語を英語にしてみましょう。

1）リナはいろいろな国の文化に興味を持つようになった。
(the cultures / many countries / become / of)

2）僕の大学での初日は、少しつまらなかった。
(the university / in / boring / rather / my first day)

3）ステージの上でのリナはとても自信に満ちて見えた。(the stage / on / confident / very)

4）今の時間だと、学食は学生でいっぱいだよ。　(too many students / right now / there)

5）君は今、スミス先生の研究室にいなければならないはずだよ。
(Dr. Smith's office / must / right now / in)

6）僕のiPad、何かおかしい。　　　　　　　(wrong / with / something / my iPad)

7）ケンジとアンディって、一晩中起きてたの?　　　　　(all night / stay / awake)

8）この森に入った時に、何かを感じましたか。　　(come / this forest / when / into)

9）そのあたりに、いいレストランはありますか。(around there / good restaurants / any)

10）日曜日には教務課には誰もいないよ。(any staffs / Sunday / the registrar's office / on / in)

11）大学での一年目は僕にとって、楽ではなかった。(for / easy-going / university / not / me)

12）ケンジは人前で話すのが苦手だった。(comfortable talking / feel / others / in front of)

付録2：発音記号 🔊27

発音記号にはIPA、Jones式、Gimson式の3種類ありますが、ここではIPAの発音記号について説明したいと思います。

英語は母音と子音から成り立っています。まずは母音、次に子音の発音記号を以下に記します。実際の音は付属の音声教材で確認してください。

● 母音：日本語で言うところの「アイウエオ」に当たります。
　　　　大きく分けて、「短母音」、「長母音」、「二重母音」の3種類あります。

短母音		長母音		二重母音	
[ɪ] lip	[ʊ] good	[i:] she	[u:] soup	[ɪə] here	[eɪ] pay
[æ] can	[ʌ] but	[a:] art	[ɔ:] law	[aʊ] how	[ʊə] pour
[ɑ] hot	[ə] the	[ɜ:] word		[ɔɪ] boy	[əʊ] boat
[e] pet				[eə] air	[aɪ] eye

＊ [ɪ] と [i:] では口の開き方が違います。[i:] は口を大きく横に開きながら発音します。
＊ [ʊ] と [u:] も、口の開き方が違います。[u:] のほうがより口をすぼめ、突き出しながら発音します。

● 子音：母音以外のすべての音が子音で、「有声音」と「無声音」があります。

有声音				無声音	
[m] me	[n] no	[b] bow	[d] dog	[p] pig	[t] too
[dʒ] jaw	[r] ring	[w] we	[g] go	[tʃ] chip	[k] key
[v] above	[ð] this	[j] yes	[ŋ] sing	[f] fox	[θ] thin
[l] look	[z] zoo	[ʒ] vision		[s] sun	[ʃ] show
				[h] hat	

＊ [dʒ] と [ʒ] はそれぞれ [tʃ] と [ʃ] の有声音です。それぞれを濁音にするイメージです。
＊ [ŋ] は後ろに母音が来なければ、「グ」の音がはっきりとは出ません。
＊ [θ] の音は前歯に舌先をつけて息を吐きだしたとき、その隙間から漏れ出る音です。[s] とは異なる音なので注意してください。
＊ [r] の音は舌を丸めるだけでなく、[ʊ] と同じように口をすぼめた状態から発音します。[l] とは最初の口の開きが大きく異なります。

CHAPTER 3

I lost my tablet!

SVO

● DIALOGUE ● 🔊28

Kenji and Rina see Yuki sitting on the bench in the courtyard of Building No.5.

Kenji: Hi, Yuki. Hey, are you OK? You look upset.

Yuki: Hi, Kenji. Hi, Rina. I am in big trouble. I lost my tablet. I thought I put it in my bag, but it's not there.

Rina: When did you last use it?

Yuki: I used it to record my attendance in my morning class. I went back to the classroom to look for it. I even looked inside the desk, but it wasn't there.

Rina: I saw you at the cafeteria at lunchtime. Did you check the cafeteria?

Yuki: Yeah, I did, but I couldn't find it.

Kenji: Maybe somebody brought it to the lost and found office.

Yuki: Oh, that would be great! I didn't check the lost and found office. Do you know where it is?

Rina: Yes, I do. It is next to the academic affairs section of the Student Center in Building 12. I'll go with you.

Yuki: Thanks! But don't you have a class from 2:00 p.m.?

Rina: I do, and you do, too, right? We still have 10 minutes. Let's go!

ケンジ：やあ、ユキ。あれ、大丈夫？　なんかあったような顔してるけど。

ユキ：こんにちは、ケンジ。こんにちは、リナ。困ったことになっちゃった。タブレットをなくしちゃったんだ。バッグに入れたつもりだったんだけど、ないの。

リナ：最後に使ったのはいつ？

ユキ：午前中の授業で出席の登録をするときには使ったよ。その教室に探しに戻ってみた。机の中までみたけど、無かったんだ。

リナ：昼休みに学食にいるところを見たよ。学食は確認した？

ユキ：うん。したけど、見つからなかった。

ケンジ：もしかしたら、誰かが遺失物取扱所に持って行ってくれたかもしれないよ。

ユキ：ああ、そうだといいな！　遺失物取扱所には確認しに行っていなかった。それって、どこにあるか知ってる？

リナ：うん、知ってるよ。12号館の学生センターの教務課の隣にあるよ。一緒について行ってあげる。

ユキ：ありがとう！　でも、2時から授業があるんじゃないの？

リナ：あるけど、あなたもあるでしょ。まだ10分あるよ。行ってみよう！

1. 基本形

I lost my tablet.
I used it to record my attendance in my morning class.

● GET READY ●

第三文型 SVO

Vは他動詞（＝目的語を必要とする動詞）；Oにすることができるのは名詞のみ

①I teach English.　英語を教えている。

②My sister plays the piano.　私の妹はピアノを弾く。

③He drinks coffee everyday.　彼は毎日コーヒーを飲む。

④Peter watches Japanese dramas in his free time.　ピーターは暇な時に日本のドラマを観る。

● LET'S TRY ●

1．音声または先生の音読を復唱し、以下の基本文を暗記しましょう。 🔊29

　1-A）I teach English.　私は英語を教えている。

　2-A）My sister plays the piano.　私の妹はピアノを弾く。

　3-A）He drinks coffee every day.　彼は毎日コーヒーを飲む。

2．暗記した基本文を参考に[　]内の語句を使って、次の文を英語に訳しましょう。 🔊30

　1-B）私は数学を教えている。　　　　　　　　　　　　　　　[math]

　1-C）私はフランス語を話す。　　　　　　　　　　　[speak / French]

　2-B）私の息子はピアノを弾く。　　　　　　　　　　　　　[my son]

　2-C）私の息子は数学を勉強する。　　　　　　　　　[study / math]

　3-B）彼は毎晩ドラマを観る。　　　　　[watch / dramas / every night]

　3-C）彼らは自由時間にアメリカのドラマを観る。　[they / American dramas]

3．音声または先生のお手本を聞いて、1と2の文を続けて音読しましょう。 🔊31

2. 副詞による修飾

I saw you at the cafeteria at lunchtime.
We still have 10 minutes.

●GET READY●

副詞は動詞、形容詞、または他の副詞や文全体を修飾する

①様態：ほとんどが〈形容詞＋ly〉形 (hard, well, fast など -ly のないものもある)
　　She quickly opens the door.　彼女は急いでドアを開ける。

②場所：here (ここに), there (そこに), away (離れたところへ), upstairs (階上へ) など
　　They carried the bed upstairs.　彼らはベッドを二階に運んだ。

③時：now (今), then (その時), today (今日), yesterday (昨日), still (まだ) など
　　He is still writing letters.　彼はまだ手紙を書いている。

④頻度：always (いつも), often (しばしば), seldom (めったに〜ない) など
　　Andy seldom reads newspapers.　アンディはめったに新聞を読まない。

⑤程度・強調：absolutely (まったく), deeply (非常に), hardly (ほとんど〜ない) など
　　The music deeply moved her.　その音楽は彼女を非常に感動させた。

⑥〈前置詞＋名詞〉の副詞句
　　I often see you at the cafeteria.　私はよくあなたを食堂で見かける。

●LET'S TRY●

1. 音声または先生の音読を復唱し、以下の基本文を暗記しましょう。　🔊)32
　　1-A) She quickly opens the door.　彼女は急いでドアを開ける。
　　2-A) Andy seldom reads newspapers.　アンディはめったに新聞を読まない。
　　3-A) I often see you at the cafeteria.　私はよくあなたを食堂で見かける。

2. 暗記した基本文を参考に [　] 内の語句を使って、次の文を英語に訳しましょう。🔊)33
　　1-B) 彼女はゆっくりとドアを開ける。　　　　　　　　　　　　　　[slowly]
　　1-C) 先生はゆっくりと教科書を開く。　　　　　　[the teacher / the textbook]
　　2-B) アンディはめったに朝食をとらない。　　　　　　　　　　[eat / breakfast]
　　2-C) アンディはいつも7時に朝食をとる。　　　　　　　　[always / at seven]
　　3-B) 私はよく食堂で彼を見かけた。　　　　　　　　　　　　　　　　[him]
　　3-C) 彼らはよく彼女を図書館で見かけた。　　　　　[they / her / at the library]

3. 音声または先生のお手本を聞いて、1と2の文を続けて音読しましょう。🔊)34

3. 否定文

I didn't check the lost and found office.

● GET READY ●

① I like jazz.　私はジャズが好きだ。

→ I don't like jazz.　私はジャズが好きではない。

② She eats vegetables.　彼女は野菜を食べる。

→ She doesn't eat vegetables.　彼女は野菜を食べない。

③ They cook dinner on weekends.　彼らは週末は夕食を作る。

→ They don't cook dinner on weekends.　彼らは週末に夕食を作らない。

● LET'S TRY ●

1. 音声または先生の音読を復唱し、以下の基本文を暗記しましょう。 ◁》35

　1-A）I don't like jazz.　私はジャズが好きではない。

　2-A）She doesn't eat vegetables.　彼女は野菜を食べない。

　3-A）They don't cook dinner on weekends.　彼らは週末に夕食を作らない。

2. 暗記した基本文を参考に［　］内の語句を使って、次の文を英語に訳しましょう。 ◁》36

　1-B）私は数学が好きではない。　　　　　　　　　　　　　　　　［math］

　1-C）私は夜テレビを観ない。　　　　　　　　　　　　［watch / TV / at night］

　2-B）彼女は漫画を読まない。　　　　　　　　　　　　［read / comic books］

　2-C）彼女は夜ホラー映画を観ない。　　　　　　　　［watch / horror movies］

　3-B）彼らは平日には野球をしない。　　　　　　　［play / baseball / weekdays］

　3-C）私の子どもたちは週末に宿題をしない。　　［my children / do / their homework］

3. 音声または先生のお手本を聞いて、1と2の文を続けて音読しましょう。 ◁》37

4. 疑問文

Did you check the cafeteria?
Don't you have a class from 2:00 p.m.?

● GET READY ●

SVOの疑問文

①You know that man.　あなたはあの男性を知っている。

　➡Do you know that man?　あなたはあの男性を知っていますか。

②She likes roses.　彼女はバラが好きです。

　➡Does she like roses?　彼女はバラが好きですか。

③They speak Spanish at home.　彼らは家ではスペイン語を話す。

　➡Do they speak Spanish at home?　彼らは家ではスペイン語を話しますか。

● LET'S TRY ●

1. 音声または先生の音読を復唱し、以下の基本文を暗記しましょう。 ◁))38

　1-A) Do you know that man?　あなたはあの男性を知っていますか。

　2-A) Does she like roses?　彼女はバラが好きですか。

　3-A) Do they speak Spanish at home?　彼らは家ではスペイン語を話しますか。

2. 暗記した基本文を参考に [ ] 内の語句を使って、次の文を英語に訳しましょう。 ◁))39

　1-B) あなたはあの標識が見えますか。　　　　　　　　　　　　　　[see / sign]

　1-C) あなたは赤い服を着たあの女性に見覚えがありますか。

　　　　　　　　　　　　　　　　　　　　[recognize / woman / in red]

　2-B) 彼女はペットを飼っていますか。　　　　　　　　　　　[have / a pet]

　2-C) 彼女は毎朝バスに乗るのですか。　　[take / the bus / every morning]

　3-B) 彼らは会議では英語を話しますか。　　　　[English / at the meeting]

　3-C) カナダでは多くの人たちがフランス語を話しますか。

　　　　　　　　　　　　　　　　　　[many / people / French / Canada]

3. 音声または先生のお手本を聞いて、1と2の文を続けて音読しましょう。 ◁))40

KEEP GOING

（　　）内の語句を使って、日本語を英語にしてみましょう。

1）彼は上手に日本語を話す。　　　　　　　　　　　　　　　　(Japanese / well)

2）子ども達は一生懸命漢字を勉強する。　　　　　　　　　(kanji / very hard)

3）学生たちは英語を流ちょうに話す。　　　　　　　　　(English / fluently)

4）陪審員団はゆっくりと法廷を後にする。　　(the jury / leave / the courtroom)

5）彼らはいつも夕食後に本を読む。　　　　　　　(always / after supper)

6）彼らはしばしば夜空の花火を見る。　(often / watch / fireworks / in the night sky)

7）彼女の娘はクラシック音楽を弾かない。　　　　　　(daughter / play)

8）私の姉は夜9時以降は甘いものを食べない。　　(eat / sweets / after 9 p.m.)

9）彼は夜は濃いコーヒーを飲まない。　　　　(strong coffee / at night)

10）彼らは数学が好きですか。　　　　　　　　　　　　(they / math)

11）彼女は毎朝7時に家を出るのですか。　　(leave / her house / at seven)

12）彼は毎年宮殿の式典に出席するのですか。
(attend / the ceremony/ at the palace / every year)

付録3：発音のポイント（1）音節（シラブル）🔊41

　せっかく覚えた英単語も、リスニングの問題に出てくると聞き取ることができない、という経験をしたことがあるのではないでしょうか。英単語は意味とつづりさえ覚えていればいい、というわけではないのです。どの言語にも「音節」(syllable) というもの、つまり「音のまとまり」があります。普段から音節を意識して英単語を勉強する習慣がないのが、日本人がスピーキングとリスニングを苦手としている大きな原因のひとつになっています。

　試しに、以下の英単語を発音してみましょう。発音する際に、音節だと思う箇所に合わせて、机を指でトントンと叩いてみましょう。

institute

　千葉工業大学の学生のみなさんならご存じの通り、institute は研究所や理系の大学を意味する単語ですね。さて、これを「イ・ン・ス・ティ・テュー・ト」と発音して、6回机を叩いた人が多いのではないでしょうか。これは、英語の音節が意識できていない発音です。

　五十音図を見ればわかりますが、**日本語は「子音＋母音」の組み合わせがほとんどです。「母音で終わる音節」**を「開音節」と言いますが、**日本語は開音節の言語**なので、ほとんどの音が母音で終わります。なので、日本語を母語とする人は、ハキハキと「ア・イ・ウ・エ・オ」の音を使って発音する癖がついてしまっていることが多いのです。対する英語は、**「閉音節」、つまり「子音で終わる」ことが多い言語**です。「なぜ英語ネイティヴの人はハッキリと発音してくれないの？」と思ったことがある人もいるでしょう。これは、「開音節言語」である日本語と「閉音節言語」である英語の、言語的な違いのせいなのです。日本語話者は相手にしっかり伝えるためすべての音をくっきりと発してしまいがちですが、これはむしろ**余計な母音が入ってしまっているため、英語としては歪んだ発音**となっているのです。

　上に挙げた institute は、3音節、つまり3つの音のまとまりで成り立っています。「イn・スティ・テューt」という具合に、3回机を叩いて発音してみてください。この単語において、母音で終わる箇所は「イ」と「ティ」と「テュー」のみです。これ以外は母音を使わずに、子音のみで発音します。このように、**音節数を意識すると、スピーキングだけでなくリスニングにも効果的な勉強**ができます。以下の単語を、音節数を意識しながら発音して、閉音節言語としての英語への理解を深めましょう。

campus　　「キャ m・パ s」(2音節)

clubroom　「c ラ b・ルー m」(2音節)

CHAPTER 4

What do you call this dish in Korean?

SVOO • SVOC

● DIALOGUE ● ◁))42

Rina, Andy and Kenji are talking as they are entering the cafeteria.

Andy: Today, I'm planning to try one of the special dishes at the cafeteria. It's world traditional menu week, you know.

Kenji: Look! Today's lunch specials are all Korean. This plate says "Korean soup and rice." It looks hot and spicy. I think this is called gukbap in Korean. And yukgaejang gukbap is usually topped with beef.

Rina: That's right.

Andy: Hey, this one is "Korean tofu stew." This also looks super spicy. Rina, <u>what do you call this dish in Korean?</u>

Rina: It is called Tofu Jjigae or Sundubu Jjigae. It is usually served in a stone pot.

Andy: I have heard that name before. Can you cook these dishes, Rina?

Rina: Yeah. <u>My mother taught me how to make them.</u> I can also cook bibimbap and yangneom chicken. When I have a chance, I'll treat you two to these homemade Korean dishes if you like.

Andy: Wow, that sounds nice. We are really looking forward to that.

Kenji: Absolutely!

Rina: But, are you guys really confident you can handle super-hot Korean dishes?

Andy and Kenji: Of course!

アンディ：今日はカフェテリアのランチにしようと思ってるんだ。今週は世界伝統メニューウィークなんだって。

ケンジ：見て、今日のランチは韓国風だね。プレートには「韓国風スープご飯」と書いてある。辛そう。これがクッパっていうんだよね。それでユッケジャンクッパには牛肉が乗ってるんだよ。

リナ：その通り。

アンディ：こっちは「韓国風豆腐鍋」だって。こっちもすごく辛そうだ。リナ、これ韓国語でなんて言うの。

リナ：豆腐チゲとか、スンドゥブ・チゲとかいうよ。普通は石の鍋に入れて出すんだよ。

アンディ：ああ、聞いたことある。リナはこれ作れるの？

リナ：うん、お母さんが作り方を教えてくれたから。他にも、ビビンバやヤンニョム・チキンも作れるよ。チャンスがあれば二人にも作ってあげるよ。

アンディ：やった、いいね。楽しみだな

ケンジ：そうだね！

リナ：けど韓国料理の本気の辛さに耐える自信はあるかな。

アンディとケンジ：もちろん！

1.第４文型（１）

My mother taught me how to make them.

● GET READY ●

①They showed us their photos.　彼らは私たちに自分たちの写真を見せてくれた。

②He bought me a drink.　彼は私に飲み物を買ってくれた。

③They brought us some souvenirs.　彼らは私たちにお土産を持ってきてくれた。

④This old tea bowl cost me 100,000 yen.　この古い茶碗は10万円かかった。

☺TIP 次の動詞は目的語を二つ続けることができない。間違えやすいので注意。
say（O to ～）, talk（O to ～）, introduce（O to ～）, supply（O with ～）

● LET'S TRY ●

1．音声または先生の音読を復唱し、以下の基本文を暗記しましょう。　◁))43
　1-A）The man showed us a map on his smartphone.
　　　　男は私たちにスマートフォンで地図を見せた。
　2-A）Jane gave her mother a present on her birthday.
　　　　ジェインは母親の誕生日にプレゼントをあげた。
　3-A）The boss bought me a drink during break time.
　　　　休憩中に上司は私に飲み物を買ってくれた。

2．暗記した基本文を参考に［　］内の語句を使って、次の文を英語に訳しましょう。　◁))44
1-B）警官は私たちに地図上の経路を見せてくれました。　　　　　　［the route］
1-C）ジョーは私たちにトランプのトリックを見せてくれました。
　　　　　　　　　　　　　　　　　　［Joe / a trick / with / playing cards］
2-B）ジャックは父の日に父に万年筆をあげた。　　　［a fountain pen / Father's Day］
2-C）その店は週末には客に割引券をあげている。　　［the store / a discount coupon］
3-B）エマはプレゼントとして娘にネックレスを買ってあげた。　　　［a necklace / as］
3-C）先生は生徒たちにご褒美としてドーナッツを買ってあげた。［doughnuts / reward］

3．音声または先生のお手本を聞いて、1と2の文を続けて音読しましょう。◁))45

2.第4文型(2) 第3文型への書きかえ

●GET READY●

第4文型(SVOO)は第3文型(SVO)に書きかえることができる。その場合、forやtoなどの前置詞が必要。

A) to型(相手に物や情報などを届かせる動詞[give, show, offer, pay, send, tell など])
①They showed us their photos. ➡ They showed their photos to us.

B) for型(相手のために何かをする動詞[buy, cook, make, get, chooseなど])
②He bought me a drink. ➡ He bought a drink for me.

C) 文脈によってto / for を使い分けるもの(bring)
③They brought us some souvenirs. ➡ They brought some souvenirs to [for] us.

D) 第3文型に書きかえられないもの(cost, take, save)
④This old tea bowl cost me 100,000 yen. ➡ ×

●LET'S TRY●

1. 音声または先生の音読を復唱し、以下の基本文を暗記しましょう。 ◁))46
   1-A) She told the meeting location to us.
      彼女は会議の場所を私たちに教えてくれた。
   2-A) Charlie bought a bottle of water for me.
      チャーリーは私のために水を一本買ってくれた。
   3-A) The development process took the staff two months.
      その開発プロセスにスタッフは二ヶ月かかりました。

2. 暗記した基本文を参考に[　]内の語句を使って、次の文を英語に訳しましょう。 ◁))47
   1-B) 両親は子供たちに適切なエチケットを教えた。
                                    [the parents / the proper etiquette]
   1-C) 社長は社員たちに会社の方針を教えた。
                           [the president / company's policies / employees]
   2-B) 彼はスーのために一杯の珈琲を買った。   [Sue / a cup of]
   2-C) 母親は子供たちのために葡萄を一房買った。   [a bunch of]
   3-B) その調査にレオは3ヶ月かかった。   [the investigation / Leo]
   3-C) 家のリフォームに職人たちは半年かかりました。
                            [the renovation / half a year / the workers]

3. 音声または先生のお手本を聞いて、1と2の文を続けて音読しましょう。 ◁))48

3. 第5文型（1）

What do you call this dish in Korean?

make型：OをCにする　make, get, keep, leave

①History makes men wise.　歴史は人を賢くする。

②The staff kept the room warm.　スタッフは部屋を暖かくした。

call型：OをCと呼ぶ　call, elect, name

③The family called the cat Mew.　家族はその猫をミュウと呼ぶ。

④The public elected Mr. Yamano city mayor.　大衆は山野氏を市長に選んだ。

think型：OをCと考える　think, believe, find, consider

⑤We thought his judgement wrong.　私たちは彼の判断は間違っていると考えた。

⑥I found the book very interesting.　私はその本がとても面白いと分かった。

● LET'S TRY ●

1．音声または先生の音読を復唱し、以下の基本文を暗記しましょう。 ◁))49
　1-A) His song made the audience very happy.　彼の歌は観客をとても幸せにした。
　2-A) The members elected Peter captain of the club.　部員たちはピーターを部長に選んだ。
　3-A) I found the movie very entertaining.　私はその映画を非常に楽しいと感じました。

2．暗記した基本文を参考に[ ]内の語句を使って、次の文を英語に訳しましょう。 ◁))50
　1-B) そのBGMは映画を恐ろしくした。　　　[the background music / scary]
　1-C) そのコメディアンは人々を楽しい気持ちにした。　　　[the people / cheerful]
　2-B) 会社は李氏を副社長に選んだ。　　　[Ms. Lee / vice-president]
　2-C) 議会はブラウン氏を議長に選んだ。　[the parliament / Mr. Brown / chairperson]
　3-B) 私はそのパフォーマンスを非常に印象的だと思いました。
　　　　　　　　　　　　　　　　　　　　　　　　[the performance / very impressive]
　3-C) 私はその展示会を非常に有益だと感じました。　　　[the exhibition / informative]

3．音声または先生のお手本を聞いて、1と2の文を続けて音読しましょう。 ◁))51

4. 第5文型（2）複数の文型で使うことのできる動詞

● GET READY ●

(leave) 第1文型, 第3文型, 第4文型, 第5文型

(第1文型) ①Joe left for the top of the mountain early in the morning.

(第4文型) ②The millionaire left his family a big fortune.

(第5文型) ③Will you leave the door open?

(get) 第1文型〜第5文型

(第2文型) ④My mother got angry at the sight.

(第4文型) ⑤I got my brother a smartphone.

(第5文型) ⑥My father is getting breakfast ready.

(make) 第1文型〜第5文型

(第1文型) ⑦The people made for the exit.

(第2文型) ⑧Ken will make a good teacher

(第4文型) ⑨The mother made her daughters beautiful clothes.

(第5文型) ⑩The news made us happy.

● LET'S TRY ●

1. 音声または先生の音読を復唱し、以下の基本文を暗記しましょう。 ◀))52

1-A) Yuki left for the airport after the meeting.
ユキはミーティングの後で空港に向かった。

2-A) Paul got to the restaurant before the party started.
ポールはパーティーが始まる前にレストランに到着した。

3-A) The students made for the gate after school.　生徒たちは放課後に門へと向かった。

2. 暗記した基本文を参考に [　] 内の語句を使って、次の文を英語に訳しましょう。 ◀))53

1-B) 母親は家を出る前に子供たちに書き置きを残した。

[a note / before leaving home]

1-C) 窓を閉じておいてください。　　　　　　　　　　　　[the window / closed]

2-B) アンディは友達のために映画のチケットを手に入れた。　　[a movie ticket]

2-C) そのコンサートで観客は興奮した。　　　　　[the audience / excited]

3-B) 父親はティナに美味しいサンドイッチを作ってあげた。　[delicious sandwiches]

3-C) 素敵な香りは部屋を魅力的にした。　　[the nice aroma / attractive]

3. 音声または先生のお手本を聞いて、1と2の文を続けて音読しましょう。 ◀))54

KEEP GOING

（　）内の語句を使って、日本語を英語にしてみましょう。

1) 私たちはゲストに博物館への道を案内しました。　　　　　　　(our guests / the way)

2) ケンジは休暇中に姉にはがきを送りました。　　　　　　　　　　(a postcard)

3) 先生は生徒に課題を割り当てた。　　　　　　　　　　　(assign / a project)

4) 彼女は彼に職を提供した。　　　　　　　　　　　　　　　(offer / job)

5) シェフは私たちに美味しい食事を作ってくれた。　　　　　(the chef / cook)

6) 男性は私たちにプロジェクトについての秘密の文書を見せてくれました。
　　　　　　　　　　　　　　　　　(secret documents / the project)

7) メンバーはリサをクラブの秘書に選出しました。　(the members / Lisa / secretary)

8) アンディは自分を優れたリーダーだと考えています。　　(consider / himself)

9) 私たちは娘にエマと名付けました。　　　　　　　　　　　　(Emma)

10) 私はそのレストランの料理が非常に美味しいと思いました。　　　　(find)

11) 会社は従業員のモチベーションを維持している。　(keep / the employees / motivated)

12) ストレスのために彼は一晩中起きていた。　　　(keep / awake / all night)

付録4：発音のポイント（2）連結・脱落 🔊55

　リスニングで文章を見ながら聞いても、本来はこう聞こえるはずだというものが全然違う音で聞こえることがあります。このような文字と音声の間のギャップは、**「音の変化」**によって引き起こされています。このページでは「連結」と「脱落」を理解しましょう。

● 連結 (linking)

　前の単語が子音で終わり、後ろの単語が母音で始まる場合、**子音と母音がくっついてひとつの音へと変化**する現象が起きます。これが「連結」と呼ばれる音の変化の文です。試しに、以下の文を発音してみましょう。

I live in Chiba.

　日本語を母語としている人は、「アイリヴインチバ」といったように母音をくっきりと発音する癖があります。この文で「連結」が発生する箇所はどこでしょうか。正解は、liveとinです。liveは音節数がひとつで、「リ v」というように、子音で終わる単語です。その後ろに母音の「イ」から始まるinがあります。このふたつが並ぶと、「リ v イ n」となり、結果的に「リヴィン」というような音に変化するのです。連結を意識して、この文をもう一度発音してみましょう。

● 脱落 (reduction)

　同じ子音が並んだり、似たような子音が続いた場合、先行する音が落ちるという現象が起きます。これが「脱落」と呼ばれる音の変化のパターンです。脱落がよく起こるのは、単語がt、d、p、b、k、gの音で終わる場合です。以下の文を発音してみましょう。

Have a good day!

　goodとdayに注目してください。「グッド・デイ」とくっきり発音したいところですが、goodは「グッ d」というように子音のdで終わり、続くdayはdの音で始まります。この場合、同じ子音が続いているため、goodのdの音が落ちます。その結果、「グッデイ」というような音に変化するのです。脱落を意識して、この文をもう一度発音してみましょう。

　まとめとして以下の文を使って、連結と脱落のどちらをさせるか考えながら発音練習してみましょう。

I want to learn the latest technology at Chiba Institute of Technology.
Let's have a cup of tea at the cafeteria.

CHAPTER 5 前期中間まとめ

1. CHAPTER 1 まとめ (SVの文)

● GET READY ●

基本文の確認

1. 基本形

   1 - A) I walk.

   2 - A) She works.

   3 - A) Birds fly.

2. 前置詞＋名詞

   1 - A) I live in a dormitory on campus.

   2 - A) My sister works for a travel agency in Tokyo.

   3 - A) I commute to school by train.

3. 否定文

   1 - A) I don't commute to school by train.

   2 - A) I don't live in a dormitory on campus.

   3 - A) The plane doesn't depart from Narita airport.

4. 疑問文

   1 - A) Do you commute to school by train?

   2 - A) Does your sister work for a hospital?

   3 - A) Does Kenji get up at six in the morning?

※分からない箇所があったら、該当ページを読みなおしましょう

● LET'S TRY ●

★教科書を閉じて音声だけで練習してみましょう！

1. 音声を聞き、基本文を復唱しましょう。 ◁))56

2. 日本語を聞き、英語に訳しましょう。 ◁))57

2. CHAPTER 2 まとめ（SVC・There is 〜）

● GET READY ●

基本文の確認

1. SVC

   1-A）Khulan is a junior at CIT.

   2-A）Kenji is interested in the Chibany Club.

   3-A）Kenji felt nervous when Khulan talked to him.

2. SVで使うbe動詞とThere is構文

   1-A）Your notebook is on the desk.

   2-A）I will be there in ten minutes

   3-A）There are many students in the Chibany Club.

3. 否定文

   1-A）Rina isn't in the second year at CIT.

   2-A）There aren't any students in the cafeteria.

   3-A）He didnt look interested in this game.

4. 疑問文

   1-A）Is the first year of CIT hard?

   2-A）Is there anything I can do for you?

   3-A）Do you feel happy now?

※分からない箇所があったら、該当ページを読みなおしましょう

● LET'S TRY ●

★教科書を閉じて音声だけで練習してみましょう！

1. 音声を聞き、基本文を復唱しましょう。 ◁))58

2. 日本語を聞き、英語に訳しましょう。 ◁))59

3. CHAPTER 3 まとめ (SVO)

●GET READY●

基本文の確認

1. 基本形

 1 - A） I teach English.

 2 - A） My sister plays the piano.

 3 - A） He drinks coffee every day.

2. 副詞による修飾

 1 - A） She quickly opens the door.

 2 - A） Andy seldom reads newspapers.

 3 - A） I often see you at the cafeteria.

3. 否定文

 1 - A） I don't like jazz.

 2 - A） She doesn't eat vegetables.

 3 - A） They don't cook dinner on weekends.

4. 疑問文

 1 - A） Do you know that man?

 2 - A） Does she like roses?

 3 - A） Do they speak Spanish at home?

※分からない箇所があったら、該当ページを読みなおしましょう

● LET'S TRY ●

★教科書を閉じて音声だけで練習してみましょう！

1. 音声を聞き、基本文を復唱しましょう。 🔊60

2. 日本語を聞き、英語に訳しましょう。 🔊61

4. CHAPTER 4 まとめ (SVOO・SVOC)

基本文の確認

1. 第4文型 (1)

1-A) The man showed us a map on his smartphone.

2-A) Jane gave her mother a present on her birthday.

3-A) The boss bought me a drink during break time.

2. 第4文型 (2) 第3文型への書きかえ

1-A) She told the meeting location to us.

2-A) Charlie bought a bottle of water for me.

3-A) The development process took the staff two months.

3. 第5文型 (1)

1-A) His song made the audience very happy.

2-A) The members elected Peter captain of the club.

3-A) I found the movie very entertaining.

4. 第5文型 (2) 複数の文型で使うことのできる動詞

1-A) Yuki left for the airport after the meeting.

2-A) Paul got to the restaurant before the party started.

3-A) The students made for the gate after school.

※分からない箇所があったら、該当ページを読みなおしましょう

★教科書を閉じて音声だけで練習してみましょう！

1. 音声を聞き、基本文を復唱しましょう。 🔊62

2. 日本語を聞き、英語に訳しましょう。 🔊63

MEMO

CHAPTER 6

I visited London on a high school trip three years ago.

過去形・完了形

● DIALOGUE ● ◁)) 64

Dr. Smith and Yuki are talking on the way to the station.

Yuki: How long have you been in Japan, Dr. Smith?

Dr. Smith: It has been about 10 years since I moved to Japan.

Yuki: 10 years! That's why you speak Japanese so fluently.

Dr. Smith: Thanks. So, have you been to any other countries?

Yuki: Yes, I have. I visited London on a high school trip two years ago. But my English was quite poor. People there couldn't understand my English.

Dr. Smith: Really? Don't worry. You speak English very well.

Yuki: Thank you. I felt frustrated that I couldn't speak well at that time. So since then, I've been practicing English every day. I want to study in the States someday.

Dr. Smith: Our college has a summer English program. You can apply for it.

Yuki: Sounds great! I'll try it!

ユキ：日本にどれくらいいますか、スミス先生？

スミス先生：日本に来て10年くらいかな。

ユキ：10年も！　だから日本語が上手なんですね。

スミス先生：どうも。ところで、外国に行ったことあるの。

ユキ：はい、2年前高校の修学旅行でロンドンに行きました。でも、英語ができなくて。ロンド
　　　ンの人に私の英語は通じませんでした。

スミス先生：本当に？　大丈夫。今は上手に話せてるよ。

ユキ：ありがとうございます。当時はうまく話せなくて、悔しい思いをしました。それ以来、い
　　　つかアメリカに留学するため毎日英語の練習をしています。

スミス先生：大学には夏期英語研修があるよ。応募すれば。

ユキ：良いですね。挑戦してみます。

1.過去形

I felt frustrated that I couldn't speak well at that time.
I visited London on a high school trip two years ago.

●GET READY●

be動詞の過去形

①I was sick in bed yesterday.　昨日は病気で寝込んでいた。

②There were three dogs in the park yesterday.　昨日、公園に犬が3匹いた。

規則変化動詞

③I worked at the factory.　工場で働いていた。

④He studied English very hard.　彼はとても一生懸命英語を勉強した。

不規則変化動詞

④We went to school by bus.　私たちはバスで学校に行った。

⑤She gave me a birthday present.　彼女は私に誕生日プレゼントをくれた。

● LET'S TRY ●

1. 音声または先生の音読を復唱し、以下の基本文を暗記しましょう。　🔊)65
   1‐A) There was a cat in the tree.　木に猫がいた。
   2‐A) He studied English very hard.　彼はとても懸命に英語を勉強した。
   3‐A) She gave me a birthday present.　彼女は私に誕生日プレゼントをくれた。

2. 暗記した基本文を参考に［　］内の語句を使って、次の文を英語に訳しましょう。🔊)66
   1‐B) 屋根の上に猫が2匹いた。　　　　　　　　　　　　　　　　［the roof］
   1‐C) 池の周りにたくさんの人々がいた。　　　　　　　　　［many / the pond］
   2‐B) 彼らは公園で野球をした。　　　　　　　　　　　　　　　［baseball］
   2‐C) 母は私をケイトと名付けた。　　　　　　　　　　　　　　　　［Kate］
   3‐B) 父は私に新車を買ってくれた。　　　　　　　　　　　　　［a new car］
   3‐C) 彼女は私たちに英語を教えた。　　　　　　　　　　　　　　［English］

3. 音声または先生のお手本を聞いて、1と2の文を続けて音読しましょう。🔊)67

2. 過去形の否定文・疑問文

● GET READY ●

be動詞の否定文（過去形）

①I was sick in bed yesterday.

　➡ I was not sick in bed yesterday.　昨日は病気で寝込んでいなかった。

be動詞の疑問文（過去形）

②They were washing the car at that time.

　➡ Were they washing the car at that time?　彼らはその時、車を洗っていましたか。

一般動詞の否定文（過去形）

③I communicated with Londoners in English.　英語でロンドンっ子と話した。

　➡ I did not communicate with Londoners in English.

　➡ I didn't communicate with Londoners in English.　英語でロンドンっ子と話さなかった。

一般動詞の疑問文（過去形）

④He moved to Chiba ten years ago.　10年前千葉に引っ越した。

　➡ Did he move to Chiba ten years ago?　10年前千葉に引っ越しましたか。

● LET'S TRY ●

1. 音声または先生の音読を復唱し、以下の基本文を暗記しましょう。 ◁))68
　1-A）I did not work at that laboratory.　私はその実験室で働かなかった。
　2-A）He visited New York two years ago.　彼は2年前ニューヨークに行った。
　3-A）Did she tell you the truth?　彼女は君に真実を話しましたか。

2. 暗記した基本文を参考に [　] 内の語句を使って、次の文を英語に訳しましょう。 ◁))69
　1-B）彼女はコンビニで働いていなかった。(短縮形)　　　　　　　[convenience store]
　1-C）彼らは公園の周りを歩かなかった。　　　　　　　　　　　　　[the park]
　2-B）彼は3年前シカゴを訪れなかった。　　　　　　　　　　　　　[Chicago]
　2-C）君は5年前ロンドンを訪れましたか。　　　　　　　　　　　　[London]
　3-B）彼はあなたに真実を話した。　　　　　　　　　　　　　　　　[the truth]
　3-C）あなたは私に真実を話さなかった。　　　　　　　　　　　　　[tell]

3. 音声または先生のお手本を聞いて、1と2の文を続けて音読しましょう。 ◁))70

3.完了形

It has been about 10 years since I moved to Japan.
I've been practicing English every day. I want to study in the States someday.

● GET READY ●

現在完了形：have (has) + p.p. (過去分詞)

①I have visited London three times.　3回ロンドンに行ったことがある。

②She has been absent from work without notice.　彼女は無断欠勤している。

③He has lived in Chiba since last April.　彼は去年の4月から千葉に住んでいる。

現在完了進行形：have (has) + been + ～ing

　高校生の頃から英語を勉強している。

④I have been practicing English very hard since I was a high school student.

過去完了形：had + p.p.

　ナンシーは昨日まで一週間寝込んでいた。

⑤Nancy had been sick in bed for a week until yesterday.

● LET'S TRY ●

1．音声または先生の音読を復唱し、以下の基本文を暗記しましょう。 ◁))71
　1-A）I have visited Sydney twice.　2回シドニーに行ったことがある。
　2-A）She has been reading this book for two hours.　彼女は2時間この本を読んでいる。
　3-A）I had played the violin for three years before switching to the viola.

　　　　　　　　　　　　　　　　　私はビオラに変える前は3年間バイオリンを弾いていた。

2．暗記した基本文を参考に [　]内の語句を使って、次の文を英語に訳しましょう。 ◁))72
　1-B）私は京都を3回訪れたことがある。　　　　　　　　　　　　　　　[I've / times]
　1-C）彼はパンダを5回見たことがある。　　　　　　　　　　　　　　　[the pandas]
　2-B）彼は新聞を3時間ずっと読んでいる。　　　　　　　　　　　　　　　[been]
　2-C）君はテレビゲームを10時間ずっとしている。　　　　　　　　　　[video games]
　3-B）彼は高校のオーケストラに入る前は、中学でほんの1年間だけバイオリンを弾いていた。

　　　　　　　　　　　　　　　　　　　　　　　　　　　　　　　　　　[the violin]
　3-C）彼女は大学のチームに入る前は、高校で1年間だけサッカーをしていた。　　[soccer]

3．音声または先生のお手本を聞いて、1と2の文を続けて音読しましょう。 ◁))73

4.現在完了形の否定文・疑問文

How long have you been in Japan, Dr. Smith?
So, have you been to any foreign country?

● GET READY ●

否定文：have (has) + not (never) + p.p.

①I have not visited London yet.　私はまだロンドンに行ったことがない。

　　彼女は中学以来学校を休んだことがない。

②She has never been absent from school since junior high school.

疑問文：Have (Has) + S + p.p. ～?

③Have you heard the big news yet?　もうその大ニュースを聞きましたか。

④Has she ever been to Hawaii?　彼女はハワイに行ったことありますか。

● LET'S TRY ●

1.音声または先生の音読を復唱し、以下の基本文を暗記しましょう。 🔊)74

　1‑A) Cathy has never visited Kyoto.　キャシーはまだ京都に行ったことがない。

　2‑A) He has been to California seven times.　彼は7回カリフォルニアに行ったことがある。

　3‑A) Have you heard the news from Thomas?　トーマスからそのニュースを聞きましたか。

2.暗記した基本文を参考に [　]内の語句を使って、次の文を英語に訳しましょう。 🔊)75

　1‑B) 彼女はこれまでパンダを一度も見たことがない。　　　　　　　[never]

　1‑C) 彼らは寿司を食べたことがない。　　　　　　　　　　　　　　[sushi]

　2‑B) ケイトは一度もシカゴに行ったことがない。　　　　　　　　　[never]

　2‑C) 君はこれまでロンドンに行ったことがありますか。　　　　　　[ever]

　3‑B) まだ彼からそのニュースを聞いていません。　　　　　　　　[the news]

　3‑C) 彼から真実を聞いたことは一度もありません。　　　　　　　　[never]

3.音声または先生のお手本を聞いて、1と2の文を続けて音読しましょう。 🔊)76

KEEP GOING

（　　）内の語句を使って、日本語を英語にしてみましょう。

1）公園にほとんど人はなかった。　　　　　　　　　　　　　　　　　（few people）

2）彼は図書館で英語の勉強をした。　　　　　　　　　　　　　　　　（the library）

3）母は娘に新しいおもちゃを買った。　　　　　　　　　　　　　　　（a new toy）

4）私たちは昨日公園で野球をしなかった。　　　　　　　　　　　　　（baseball）

5）彼らは10年前ハワイに行きましたか。　　　　　　　　　　　　　　（Hawaii）

6）彼女に真実を話しましたか。　　　　　　　　　　　　　　　　　　（the truth）

7）その少年は東京を5回訪れたことがある。　　　　　　　　　　　　（times）

8）彼は自分の部屋で5時間ずっと勉強している。　　　　　　　　　　（been）

9）私は高校の3年間テニスをしていた。　　　　　　　　　　　　　　（had）

10）彼はこれまでパリに行ったことがありますか。　　　　　　　　　（ever）

11）彼女にキャンパスで会ったことは一度もない。　　　　　　　　　（never）

12）私たちは一度も寿司を食べたことがない。　　　　　　　　　　　（never）

付録5：いろいろな文型で使える基本動詞 ◁)77

　Chapter 4では複数の文型で使うことのできる動詞の例として、get、make、leaveを紹介しました。ここではそれ以外にもよく使われる動詞を紹介します。

　同じ動詞でも文型が違えば、当然意味が異なります。複数の意味を持つ動詞は、それぞれの意味がどの文型で使われるかも一緒に覚えておくとよいでしょう。

● grow

【第1文型】I grew up in San Francisco.　私はサンフランシスコで育ちました。

【第2文型】Kenji, you should grow wise.　ケンジ、賢くならなきゃだめだよ。

【第3文型】Khulan grows tomatoes in her garden. ホランは庭でトマトを育てています。

● stand

【第1文型】The old castle stood on a hill.　その古い城は丘の上に立っていた。

【第2文型】The candidate stood silent under the pressure.

　　　　　　その候補者はプレッシャーのために黙って立っていた。

【第3文型】I cannot stand this noise anymore!　もうこれ以上この騒音を我慢できないよ！

● turn

【第1文型】Go straight, and turn at that corner.　まっすぐ進んで、あの角を曲がりなさい。

【第2文型】Her face turned pale when she met the man.

　　　　　　その男に会ったとき、彼女の顔は真っ青になった。

【第3文型】He quickly turned the pages of the book.　彼は急いで本のページをめくった。

【第5文型】The cold turned leaves of the trees red.　寒さで木々の葉が赤くなった。

● find

【第3文型】Did you find that interesting book in the library?

　　　　　　あなたはその面白い本を図書館で見つけたのですか。

【第4文型】Please find me a good reference.　どうか私に良い参考書を見つけてください。

【第5文型】I found the book very interesting.　その本はとても面白いことが分かった。

● do

【第1文型】Either shirt will do.　どちらのシャツでもいいよ。

【第3文型】Andy does the dishes after the meal.　アンディは食後に皿洗いをする。

【第4文型】Too much sugar may do us harm.　糖分の取り過ぎは害になるかもしれない。

CHAPTER 7

We are doing an experiment.

進行形・受動態

● DIALOGUE ● ◁))78

Andy and Peter are talking in a laboratory on the Tsudanuma Campus.

Andy: Hi, Peter-senpai!

Peter: Hi, Andy. Welcome to our laboratory!

Andy: Wow, there are so many machines here. By the way, what are you all doing?

Peter: We are doing an experiment. We are trying to check the validity of our new sensor. Over there is our supervisor, Dr. Lee. He holds a number of patents on millimeter-wave radars.

Andy: I see. So, what is the sensor for?

Peter: It can be applied to many things, but we are hoping it can also be used for autonomous driving vehicles.

Andy: So, you are working on future autonomous driving vehicles. Cool!

Peter: Well, car accidents caused by drunk drivers are a serious problem. We think autonomous driving vehicles could be a possible solution.

Andy: I'm really impressed. Good luck!

アンディ：こんにちは、ピーター先輩！

ピーター：やあ、アンディー。僕らのラボへようこそ！

アンディ：わー、ここにはとてもたくさんの機械があるんですね。ところで、みなさんは何を
　　しているんですか？

ピーター：実験をしているんだよ。この実験で、新しいセンサーの有効性が評価されるんだ。
　　あちらにいるのが、僕らの指導教員のリー先生。ミリ波レーダーに関する特許をたくさん持っ
　　ているんだよ。

アンディ：なるほど。それで、そのセンサーの目的は何ですか？

ピーター：色々なものに応用できるけど、自動運転車にも応用できたらいいなと思っているんだ。

アンディ：未来の自動運転車の研究に取り組んでいるんですね。かっこいいなぁ！

ピーター：飲酒運転による交通事故は深刻な問題だよね。僕らは自動運転車が解決策の一つに
　　なりうると思うんだ。

アンディ：先輩の考えは素晴らしいと思います。頑張ってください！

1. 進行形

We are doing an experiment.
We are trying to check the validity of our new sensor.
You are working on future autonomous vehicles.

● GET READY ●

進行形の時制

①He is studying in his room.　彼は（今）部屋で勉強してるよ。

②He will be shopping at this time tomorrow.　明日の今頃彼は買い物しているだろう。

③He was playing baseball at 5 p.m. yesterday.　昨日の午後5時には彼は野球をしていた。

動作の進行以外の意味

＊～ばかりしている（困る）（always等と用いることが多い）

④My son is always reading comic books.　息子は漫画を読んでばかりいる。

＊～することになっている（ほぼ実現が確定している個人的予定）

⑤I am moving to Kyoto next week.　来週京都へ引っ越すことになっている。

＊（いつもと違い一時的に）～している

　今は友人宅に住んでいるが、もうすぐ一人暮らしする。

⑥I am living in my friend's house now, but I am going to live alone soon.

● LET'S TRY ●

1. 音声または先生の音読を復唱し、以下の基本文を暗記しましょう。🔊79

1-A) We are doing an experiment now.　今実験をしているんだ。

2-A) My son is always reading comic books.　息子はいつも漫画ばかり読んでいる。

3-A) You are working on future autonomous driving vehicles.
　　　あなたは未来の自動運転車の研究に取り組んでいるんですね。

2. 暗記した基本文を参考に [ ] 内の語句を使って、次の文を英語に訳しましょう。🔊80

1-B) 私たちは実験をしている。　　　　　　　　　　　　　　　　　[conduct]

1-C) 明日の今頃私たちは実験をしている。　　　　　　　　　[at this time tomorrow]

2-B) 息子はいつもゲームばかりしている。　　　　　　　　　　[play video games]

2-C) 子どもたちはいつもゲームばかりしている。　　　　　　　　[my children]

3-B) 彼は未来の自動運転車の研究に取り組んでいる。　　　　　　　　　[He]

3-C) 君は未来の自動運転車の研究に取り組んでいたんだね。　　　　　　[were]

3. 音声または先生のお手本を聞いて、1と2の文を続けて音読しましょう。🔊81

2.受動態

It can be applied to many things.
It can also be used for autonomous driving.
I'm really impressed.

● GET READY ●

能動態と受動態

①Andy broke this dish.　アンディがこの皿を割った。

➡ This dish was broken by Andy.　この皿はアンディによって割られた。

受動態の時制

②English is spoken in Singapore.　英語はシンガポールで話されている。

③This vase was broken by Yuki.　この花瓶はユキによって割られた。

④This book will be published next week.　この本は来週出版される。

TIP〉 注意すべき受動態：被害や感情表現/by以外の前置詞と用いられる受動態表現

⑤He was surprised at the news.　彼はその知らせに驚いた。

　×He surprised at the news.

⑥He is interested in this book.　彼はこの本に興味を持っている。

　×He interests in this book.

● LET'S TRY ●

1. 音声または先生の音読を復唱し、以下の基本文を暗記しましょう。🔊82

　1-A) The software is applied to autonomous driving vehicles.
　　　　そのソフトは自動運転車に応用されている。

　2-A) I am impressed by your idea.　君の考えに感銘を受けたよ。

　3-A) This dish was broken by Yuki.　この皿はユキによって割られた。

2. 暗記した基本文を参考に [　] 内の語句を使って、次の文を英語に訳しましょう。🔊83

　1-B) 将来このソフトは自動運転車に応用されるだろう。　　　　[in the future]
　1-C) このソフトは自動運転車に応用された。　　　　　　　　　　　[was]
　2-B) 君の作文に感銘を受けた。　　　　　　　　　　　　　　　　[your essay]
　2-C) 君の考えに驚いたよ。　　　　　　　　　　　　　　　　　　[surprised]
　3-B) この皿は日本製だ。　　　　　　　　　　　　　　　　[make / in Japan]
　3-C) この皿は輸入された。　　　　　　　　　　　　　　　　　　[import]

3. 音声または先生のお手本を聞いて、1と2の文を続けて音読しましょう。🔊84

3.否定文

否定形：

①We are studying now.

　➡ We are not studying now.　今勉強中ではありません。

②This novel was written by Soseki.

　➡ This novel was not written by Soseki.　この小説は漱石によって書かれていない。

☺TIP〉助動詞が含まれる場合の否定形：

　　そのソフトは自動運転車に応用できない。

③The software cannot be applied to autonomous driving vehicles.

● LET'S TRY ●

1．音声または先生の音読を復唱し、以下の基本文を暗記しましょう。 🔊85

　1-A）The software can be applied to autonomous driving vehicles.
　　　　そのソフトは自動運転車に応用できる。

　2-A）I was injured in a car accident.　車の事故で怪我をした。

　3-A）He is doing some research on the Internet.　彼はネットで調べ物をしている。

2．暗記した基本文を参考に［　］内の語句を使って、次の文を英語に訳しましょう。 🔊86

　1-B）このソフトは自動運転車に応用されえない。　　　　　　　　　［not］

　1-C）将来このソフトは自動運転車に応用されないだろう。　　　　［in the future］

　2-B）彼は車の事故で怪我をした。　　　　　　　　　　　　　　　　［he］

　2-C）彼は昨晩の車の事故で怪我をしなかった。　　　　　　　　　［last night］

　3-B）彼はネットショッピングをしています。　　　　　　　　　［shop online］

　3-C）彼はネットショッピング中ではない。　　　　　　　　　　　　［not］

3．音声または先生のお手本を聞いて、1と2の文を続けて音読しましょう。 🔊87

4.疑問文

What are you all doing?

●GET READY●

Yes/No疑問文：

①He is doing an experiment now.　彼は今実験中です。

→ Is he doing an experiment now ?　彼は今実験中ですか。

②It can be applied to autonomous driving vehicles.　それは自動運転車に応用できます。

→ Can it be applied to autonomous driving vehicles?　それは自動運転車に応用できますか。

Wh疑問文：

③What are you doing?　何をしているの？

④Why was the software developed?　なぜそのソフトは開発されたの？

●LET'S TRY●

1．音声または先生の音読を復唱し、以下の基本文を暗記しましょう。　🔊88

1 - A) Is he doing an experiment now?　彼は今実験中ですか。

2 - A) The software can be applied to autonomous driving vehicles.

そのソフトは自動運転車に応用できる。

3 - A) The software was developed three years ago.　そのソフトは3年前に開発された。

2．暗記した基本文を参考に [　] 内の語句を使って、次の文を英語に訳しましょう。　🔊89

1 - B) 彼は何をしているの。　[what]

1 - C) 明日の今頃彼は何をしているだろう。　[at this time tomorrow]

2 - B) 将来このソフトは自動運転車に応用されますか。　[in the future]

2 - C) このソフトは自動運転車に応用されたのですか。　[was]

3 - B) いつこのソフトは開発されたのですか。　[when]

3 - C) 田中教授によってこのソフトは開発されたのですか。　[by professor Tanaka]

3．音声または先生のお手本を聞いて、1と2の文を続けて音読しましょう。　🔊90

KEEP GOING

（　　）内の語句を使って、日本語を英語にしてみましょう。

1）将来このソフトは田中教授によって自動運転車に応用されるだろう。　　　　（apply）

2）どこでこのソフトは開発されたのですか。　　　　（where）

3）3年前、彼は車の事故で怪我をした。　　　　（injure）

4）弟はネットショッピングをしています。　　　　（shopping）

5）母は新規プロジェクトに取り組んでいる。　　　　（work on）

6）娘は数学のテスト結果に満足している。　　　　（satisfy）

7）この皿はどこの国から輸入されたの？　　　　（import）

8）政治家の演説に感銘を受けなかった。　　　　（impress）

9）今お兄さんは実験中ですか。　　　　（do）

10）子どもたちはいつもサッカーばかりしています。　　　　（always）

11）明日の今頃君は何をしていますか。　　　　（at this time tomorrow）

12）昨日の夜8時ごろ君は何をしていましたか。　　　　（last night）

付録6：不規則動詞変化表

　ほとんどの一般動詞の過去形・過去分詞形は**動詞の原形＋-(e)d**の形をとります。この形に当てはまらない動詞は不規則動詞と呼ばれます。不規則動詞にもいくつかのパターンがあります。パターンごとに代表的な不規則動詞を紹介します。

●A-B-C 型

原　形		過去形	過去分詞形
arise	起こる・生じる	arose	arisen
bear	産む・耐える	bore	born
draw	描く	drew	drawn
sink	沈む	sank	sunk
throw	投げる	threw	thrown

●A-B-B 型

原　形		過去形	過去分詞形
bend	曲げる	bent	bent
bring	持ってくる	brought	brought
feed	食べ物を与える	dealt	dealt
hold	開催する	fed	fed
teach	教える	held	held
throw	投げる	taught	taught

●A-B-A 型

原　形		過去形	過去分詞形
become	なる	became	became
overcome	打ち勝つ	overcame	overcame
run	走る	ran	ran

●A-A-A 型

原　形		過去形	過去分詞形
cut	切る	cut	cut
put	置く	put	put
shed	流す	shed	shed
rid	取り除く	rid	rid

●be 動詞

is／am	was	been
are	were	been

CHAPTER 8

I bet we can find an answer if we work together.

助動詞

● DIALOGUE ● ◀))91

Kenji, Khulan, and Peter are talking in a clubroom.

Peter: Hey, do you guys want to play a guessing game? <u>I will give you some clues about a character.</u> <u>Then you will guess who it is.</u> Ok?

Khulan: All right. <u>I bet we can find an answer if we work together.</u> Kenji, are you in?

Kenji: Ah, o-o-ok.

Peter: First, it's a rabbit. <u>It might have been created on an island.</u>

Khulan: Japan is an island country. <u>So it could be Chibany.</u>

Peter: Well, let me give you another hint. <u>It can often be found eating vegetables.</u>

Kenji: <u>It must be Chibany!</u> I heard Chibany often eats at the CIT cafeteria. Therefore my answer is Chibany!

Peter: Is that your final answer? Sorry Kenji, you lose. The correct answer is Peter Rabbit!

Khulan: Ah, Peter Rabbit! Ok, but why is it not Chibany?

Peter: Well, because my mother and I used to play this game when I was young. And also my mother has no clue who Chibany is. But I bet she would love Chibany. She is crazy about rabbits, especially the Tales of Peter Rabbit!

Khulan: That's interesting. Hmmm, and I gather she named you Peter after the rabbit in those child stories then.

Kenji: Ha, that's funny.

Peter: No... um... Wait. Well, I am not actually sure. <u>It would fit my mother's sense of humor.</u> <u>I'll have to call her and find out.</u>

ピーター：ねぇ、推測ゲームやってみない？　今からあるキャラクターについていくつか手が
　　かりをあげるよ。それで、きみたちはそれが何か推測するんだ。いい？

ホラン：いいよ。力を合わせれば答えを見つけられるでしょ。ケンジ、参加する？

ケンジ：え、お、お、オッケー。

ピーター：それはウサギなんだ。島で生まれたかもしれないよ。

ホラン：日本は島でしょ。だからチバニーかもしれないね。

ピーター：ふむ、じゃもうひとつヒントをあげよう。よく野菜を食べているところを発見され
　　るよ。

ケンジ：チバニーに違いない！　千葉工大の学生食堂でよく食べているらしい。だから僕の答
　　えはチバニーで！

ピータ：それがきみのファイナルアンサー？　残念だねケンジ、外れだよ。答えはピーターラ
　　ビットさ！

ホラン：あー、ピーターラビット！　なるほどね、でもなんでチバニーではないの？

ピーター：んー、このゲームは僕が小さいときにお母さんとやってたものだからだ。それに
　　僕のお母さんはチバニーが何者かって知る由もないからね。でもチバニーのことはとても気
　　に入ると思うよ。ウサギに目がなくてね、特にピーター・ラビットのおはなしが大好きなの
　　さ！

ホラン：それは面白いわね。んー、そしたらピーター、お母さんはその童話のウサギにちなん
　　であなたの名前つけたんでしょうね。

ケンジ：ハハ、そりゃ面白いね。

ピーター：いやそんな…ふむ…待てよ、うん、自分でも実際確信が持てない。お母さんのユー
　　モアのセンスにも当てはまっちゃう気がする。お母さんに電話して突き止めないと。

1. 主な助動詞（1）

I bet we can find an answer if we work together.
It can often be found eating vegetables.

①You can reach Dr. Smith by email.　スミス先生にはメールで連絡できる。

②I was able to catch the last train.　最終電車に乗ることができた。

③You cannot master physics in a year or two.　1、2年で物理をマスターすることはできない。

④You can park your bicycle here.　ここに自転車をとめていいよ。

⑤You may use your laptop in this class.　この授業ではノートパソコンを使ってもよい。

⑥May I have a word with you?　ちょっとお話いいですか。

● LET'S TRY ●

1. 音声または先生の音読を復唱し、以下の基本文を暗記しましょう。　🔊92
　1-A）You can pay by credit card.　クレジットで支払うことができます。
　2-A）I was able to get credit.　単位をとることができた。
　3-A）May I have a glass of water?　水を一杯いただけますか。

2. 暗記した基本文を参考に［　］内の語句を使って、次の文を英語に訳しましょう。🔊93
　1-B）ここにはタクシーで来ることができます。　　　　　　　　　　　　　［by taxi]
　1-C）頭痛をこの薬で和らげることができます。　　　　［relieve / with this medicine]
　2-B）その授業の単位をとることができなかった。　　　　　　　　　　［for the course]
　2-C）卒業のための十分な単位をとることができた。　　　　　　　　　［for graduation]
　3-B）お会計をいただいてもいいですか。　　　　　　　　　　　　　　　　［the bill]
　3-C）このジャケットを試着してもいいですか。　　　　　　　　　　　　　　［try on]

3. 音声または先生のお手本を聞いて、1と2の文を続けて音読しましょう。🔊94

2. 主な助動詞 (2)

I'll have to call her and find out.

●GET READY●

①You must follow the rules below.　下のルールに従わなければなりません。

②I have to finish the assignment by noon.　昼までに課題を終わらせなければならない。

③You mustn't ignore the basics.　基本を無視してはいけません。

④You don't have to feel nervous.　緊張する必要はないよ。

⑤We should focus on our researches.　私たちは自分たちの研究に集中すべきです。

☺TIP〉 needとdareは否定文、疑問文の時に助動詞として使われます。

⑥You need not worry about the exam results.　試験結果を心配する必要はないよ。

●LET'S TRY●

1. 音声または先生の音読を復唱し、以下の基本文を暗記しましょう。 ◁》95

　1-A）I have to prepare for the exam.　試験のために準備をしなければなりません。
　2-A）You mustn't smoke on campus.　キャンパスでタバコを吸ってはいけません。
　3-A）You should exercise every day.　あなたは毎日運動すべきです。

2. 暗記した基本文を参考に [ ] 内の語句を使って、次の文を英語に訳しましょう。 ◁》96

　1-B）明日の会議のために準備をしなければなりません。　　　[tomorrow's meeting]
　1-C）ロボットコンテストのために準備しなければなりません。　　　[the robot contest]
　2-B）図書館で喋ってはいけません。　　　[speak]
　2-C）廊下を走ってはいけません。　　　[the corridors]
　3-B）あなたは毎日英語の勉強をすべきです。　　　[study]
　3-C）あなたは毎朝朝食を食べるべきです。　　　[every morning]

3. 音声または先生のお手本を聞いて、1と2の文を続けて音読しましょう。 ◁》97

3. 推測・丁寧の助動詞

It might have been created on an island.
It would fit my mother's sense of humor.

推測

①You must be Dr. Smith.　あなたはスミス先生ですよね。

②The answer could be wrong.　その解答は間違いだろう。

③The culprit might know the information.　犯人はその情報を知っているかもしれない。

丁寧

　この試験中は教科書を参照してもいいです。

④You could consult your textbooks during this exam.

⑤Would you please explain that to me again?　もう一度それを私に説明してくれませんか。

● LET'S TRY ●

1. 音声または先生の音読を復唱し、以下の基本文を暗記しましょう。 ◁)) 98

　1 - A) He must be very good at calculating complex math problems.
　　　　彼は複雑な数学の問題を計算するのがかなり得意に違いない。

　2 - A) She might be at home now.　彼女は今家にいるかもしれません。

　3 - A) Would you please explain that to me again?
　　　　もう一度それを私に説明してくれませんか。

2. 暗記した基本文を参考に [ ] 内の語句を使って、次の文を英語に訳しましょう。 ◁)) 99

　1 - B) 彼はマルチタスクがかなり得意に違いない。　　　　　　　　[multitasking]
　1 - C) 彼は問題解決がかなり得意に違いない。　　　　　　　　　　[solving]
　2 - B) 彼女は今研究室にいるかもしれない。　　　　　　　　　　[the laboratory]
　2 - C) 彼女は今オフィスにいるかもしれない。　　　　　　　　　　[her office]
　3 - B) 写真を撮ってくれませんか。　　　　　　　　　　　　[a picture of me]
　3 - C) あなたの論文を共有してくれませんか。　　　　　[your article / with me]

3. 音声または先生のお手本を聞いて、1と2の文を続けて音読しましょう。 ◁)) 100

4. 未来表現

I will give you some clues about a character.
Then you will guess who it is.

●GET READY●

①You will feel better in a few days.　数日たてば気分がよくなるだろう。

②I will go to bed early tonight.　今夜は早く寝よう。

③Peter is going to travel around in Japan next year.　ピーターは来年日本中を旅する予定だ。

④I'm meeting Rina after school.　放課後私はリナに会う。

⑤The exam of the course takes place next week.　その授業の試験は来週行われる。

●LET'S TRY●

1. 音声または先生の音読を復唱し、以下の基本文を暗記しましょう。 ◁))101
　1-A) I will go to bed early tonight.　今夜は早く寝よう。
　2-A) Peter is going to study abroad next year.　ピーターは来年留学する予定だ。
　3-A) I'm meeting Rina after school.　放課後私はリナに会う。

2. 暗記した基本文を参考に [　] 内の語句を使って、次の文を英語に訳しましょう。 ◁))102
　1-B) 明日は早く起きよう。　　　　　　　　　　　　　　　　　　　　　[wake]
　1-C) 今夜は夜更かししよう。　　　　　　　　　　　　　　　　　　[stay up late]
　2-B) ピーターは来年アメリカを訪れる予定だ。　　　　　　　　　　　　[visit]
　2-C) ピーターは来年台湾に帰る予定ですか。　　　　　　　　　　　[return to]
　3-B) 今夜私は両親と夕食を食べる。　　　　　　　　　　　　　[having dinner]
　3-C) 明日私は実家に帰る。　　　　　　　　　　　　　　　[my parents' house]

3. 音声または先生のお手本を聞いて、1と2の文を続けて音読しましょう。 ◁))103

KEEP GOING

（　　）内の語句を使って、日本語を英語にしてみましょう。

1）銀行振り込みで支払うことができます。　　　　　　　　　　　　　　　（bank transfer）

2）その試験を合格することができた。　　　　　　　　　　　　　　　　　（pass）

3）紅茶を一杯いただいてもいいですか。　　　　　　　　　　　　　　　　（a cup of tea）

4）梅雨にむけて備えなければなりません。　　　　　　　　　　　　　　　（the rainy season）

5）大学内で飲酒してはいけません。　　　　　　　　　　　　　　　　　　（drink alcohol）

6）あなたは毎日十分な睡眠をとるべきです。　　　　　　　　　　　　　　（enough sleep）

7）彼は友達を作るのがかなり得意に違いない。　　　　　　　　　　　　　（making friends）

8）彼女は今仕事中かもしれない。　　　　　　　　　　　　　　　　　　　（at work）

9）塩をとっていただけませんか。　　　　　　　　　　　　　　　　　　　（pass me）

10）お風呂の後はオンラインゲームをやろう。　　　　　　　　　　　　　　（after a bath）

11）ピーターは来年ケンジを台湾に連れていく予定だ。　　　　　　　　　　（take Kenji）

12）今夜はリナと夕飯を食べる。　　　　　　　　　　　　　　　　　　　　（have dinner）

付録7：発音のポイント(3) 同化・フラップ/t/・wanna ～ 等 ◁))104

　ここでは、英語の「音の変化」という現象のうち「同化」、「フラップ/t/」、そして「特定の動詞と《to+動詞》との組み合わせで音が変わる語句」について見ていきましょう。これらの現象はいずれも速度の早い会話で起こる傾向にあります。

● 同化（Assimilation）

　二つの音が続くとき、一方の音が他方の音に影響を与え、もとの音とは異なる音になることがあります。その現象を「同化」と言います。いくつかの例を見てみましょう。

①/v/　　　➡　/f/　have to 「ハフトゥ」

②/v/　　　➡　/f/　of course 「オフコース」

③/t/＋/j/　➡　/tʃ/　can't you 「キャンチュ」

④/d/＋/j/　➡　/dʒ/　did you 「ディヂュ」

⑤/s/＋/j/　➡　/ʃ/　miss you 「ミシュ」

⑥/z/＋/j/　➡　/ʒ/　as you 「アジュ」

● フラップ/t/（Flap t）

　アメリカ英語では、/t/の音が前後を母音で挟まれている場合に「ラ行」の音に化けることがあります。このような現象を「フラップ/t/」と言います。この現象は単語内でも、単語間でも生じます。いくつか例を見てみましょう。

単語内の「フラップ/t/」	単語間の「フラップ/t/」
⑦water 「ワーラ」	⑨shut up 「シャラッ」
⑧party 「パーリー」	⑩let it go 「レリゴー」

● 特定の動詞と《to ＋ 動詞》との組み合わせで音が変わる語句

　くだけた日常会話や歌の歌詞などでよく起き、書くときには使いません。

⑪I want to see you.　　　　　　➡　I *wanna* see you.

⑫He is going to call me back.　➡　He's *gonna* call me back.

⑬I got to go.　　　　　　　　　➡　I *gotta* go.

⑭I have to see him right away.　➡　I *hafta* see him right away.

⑮She has to leave soon.　　　　➡　She *hasta* leave soon.

CHAPTER 9

What are you going to do this summer?

疑問詞の疑問文・比較級

● DIALOGUE ● 🔊105

Khulan, Rina, Kenji, and Andy are talking in the cafeteria.

Khulan: What are you going to do this summer, Rina?

Rina: I am going to take part in an Esports tournament.

Khulan: An Esports tournament, what's that? Where will it be held?

Rina: It is a big international tournament, and it will be held in Los Angeles.

Andy: Rina is one of the best Esports players in Japan. She won the All-Japan high school championship twice!

Khulan: Wow, Rina, I didn't know that! Are you nervous?

Rina: No, I'm more excited than nervous. However, I know I must practice as hard as I can.

Khulan: You guys love playing games, too. Don't you play together?

Andy: She plays far better than me or Kenji. She is on another level.

Khulan: Oh, I see. What is your plan for this summer, Kenji?

Kenji: Well, I don't have any special plans yet...

Andy: Hey, didn't you tell me that you are going to take Khulan-senpai to the Boso Peninsula for a nice seafood dinner?

Kenji: What!? Why are you saying such a thing!?

Khulan: That sounds great, but sorry I'm going back to my country.

ホラン：リナは、今年の夏はどうするの？

リナ：eスポーツの大会に出場する予定です。

ホラン：eスポーツの大会って、何それ。開催地はどこなの？

リナ：大きな国際大会で、LAで開催されるんです。

アンディ：リナは、日本最強のeスポーツ選手の一人なんですよ。高校生の全日本大会で2回優勝しています。

ホラン：へえ、リナ、知らなかったわ！　緊張してる？

リナ：いいえ、今は緊張よりもワクワクしてるって感じです。でも、できるだけ練習しなきゃ。

ホラン：あなたたちもゲーム大好きでしょ。一緒にプレイしないの？

アンディ：この人は、僕やケンジよりはるかに上手いんですよ。レベルが違います。

ホラン：へえ、そうなんだ。ケンジ、あなたの夏の予定は？

ケンジ：えっと、まだ特に何もなくって……

アンディ：なあ、ホラン先輩を房総半島に連れて行って、美味しいシーフードをご馳走するつもりだって言ってなかったっけ？

ケンジ：はぁ!?　お前、どうしてそんなこと言うんだよ!?

ホラン：良さげだけど、ごめんね、私は帰省するんだ。

1. 疑問代名詞

What are you going to do this summer, Rina?
What is your plan for this summer, Kenji?

● GET READY ●

疑問代名詞 (who / whom / what / whose / which) を使った疑問文の作り方

A) S (主語) を尋ねる疑問文

①Rina is taking part in an Esports tournament.　リナはeスポーツの大会に出場しています。

　➡ Who is taking part in an Esports tournament?　誰がeスポーツの大会に出場していますか。

B) S以外を尋ねる疑問文

②I am going to take part in an Esports tournament.　私はeスポーツの大会に出場する予定です。

　➡ What are you going to do?　あなたは何をする予定ですか。

　　あなたはeスポーツの大会に出場する予定ですか。[Yes / No で答える疑問文]

　cf. Are you going to take part in an Esports tournament?

C) 所有者を尋ねる疑問文

③This is Andy's bag.　これはアンディのバッグです。

　➡ Whose bag is this?　これは誰のバッグですか。

● LET'S TRY ●

1. 音声または先生の音読を復唱し、以下の基本文を暗記しましょう。　◁))106

　1-A) Who is taking part in the Esports tournament?
　　　　誰がそのeスポーツの大会に出場していますか。

　2-A) What is your plan for this summer?　あなたの今年の夏の予定は何ですか。

　3-A) Whose white coat is this?　これは誰の白衣ですか。

2. 暗記した基本文を参考に [ ] 内の語句を使って、次の文を英語に訳しましょう。◁))107

　1-B) 誰がその学会に参加していますか。　　　　　　　　　[the academic conference]
　1-C) 誰がその研究プロジェクトに参加していますか。　　　　　[the research project]
　2-B) あなたの発想の源は何ですか。　　　　　　　　　　[your source of inspiration]
　2-C) あなたの人生の目標は何ですか。　　　　　　　　　　[your ambition in life]
　3-B) これは誰の実験ノートですか。　　　　　　　　　　　[lab notebook]
　3-C) これは誰のノートパソコンですか。　　　　　　　　　　[laptop]

3. 音声または先生のお手本を聞いて、1と2の文を続けて音読しましょう。◁))108

2. 疑問副詞

Where will it be held?
Why are you saying such a thing?

●GET READY●

疑問副詞 (where / when / why / how) を使った疑問文の作り方

①The tournament will be held in Los Angeles.［場所］

➡ Where will the tournament be held?　その大会はどこで開かれますか。

②Rina is going to go to Los Angeles this summer.［時］

➡ When is Rina going to go to Los Angeles?　リナはいつLAに行く予定ですか。

③Andy said such a thing because he wanted to support his friend.［理由］

➡ Why did Andy say such a thing?　なぜアンディはそんなことを言ったのですか。

④I commute to school by bus.［方法・手段］

➡ How do you commute to school?　あなたはどうやって通学していますか。

how は他の語句と組み合わせて程度や量などを尋ねることができます。

⑤This building is 25 years old.　この建物は築25年だ。［年齢、経年数］

➡ How old is this building?　この建物は築何年ですか。

⑥It cost 10,000 yen to fix my smartphone.　スマホを直すのに1万円かかった。［金額］

➡ How much did it cost to fix your smartphone?　スマホを直すのにいくらかかりましたか。

⑦I have lived in Chiba for 10 years.　私は10年前から千葉に住んでいます。［長さ］

➡ How long have you lived in Chiba?　どれくらい千葉に住んでいますか。

●LET'S TRY●

1. 音声または先生の音読を復唱し、以下の基本文を暗記しましょう。 ◁))109

　1 - A) Where will the meeting be held?　その会議はどこで開かれますか。

　2 - A) Why are you in such a hurry?　どうしてそんなに急いでいるのですか。

　3 - A) How long have you lived in Japan?　どれぐらい日本に住んでいますか。

2. 暗記した基本文を参考に [　] 内の語句を使って、次の文を英語に訳しましょう。 ◁))110

　1 - B) その会議はいつ開かれますか。　　　　　　　　　　　　　　　　　[when]

　1 - C) この仕事の締切はいつですか。　　　　　　　　　　　　[this work / due]

　2 - B) どうしてケンジは授業を休んだのですか。　　　　　[absent / from the class]

　2 - C) どうしてピーターは終電を逃したのですか。　　　　[miss / the last train]

　3 - B) そのゲームにいくら課金しましたか。　　　[how much / spend / on the game]

　3 - C) このスマートフォンはいくらですか。　　　　　　　　　　　[smartphone]

3. 音声または先生のお手本を聞いて、1と2の文を続けて音読しましょう。 ◁))111

3. 比較級

No, I'm more excited than nervous.
She plays far better than me or Kenji.

● GET READY ●

A) 比較級

① Rina plays the game better than Andy.　リナはアンディよりもそのゲームが上手だ。

② Andy is more outgoing than Kenji.　アンディはケンジよりも外向的な性格だ。

B) 差の大きさを示す表現：much / far / a little 比較級

③ Kenji runs a little faster than Andy.　ケンジはアンディよりも少し足が速い。

④ Peter is much taller than Khulan.　ピーターはホランよりもずっと背が高い。

C) 比較して程度が下回る場合の表現：less ～

⑤ Andy is less strong than Rina.　アンディはリナほど強くない。

D) 慣用表現 (*付録も参照)

a) more A than B「BというよりもA（といった方が正確）」

⑥ I'm more excited than nervous.　不安というよりもワクワクしています。

b) the 比較級～ , the 比較級…「～すればするほど、より…になる」

　　頑張って勉強すればするほど、良い成績がとれる。

⑦ The harder you study, the better marks you get.

● LET'S TRY ●

1. 音声または先生の音読を復唱し、以下の基本文を暗記しましょう。 ◁》112

　1-A) Andy is more outgoing than Kenji.　アンディはケンジよりも外向的な性格だ。

　2-A) Peter is much taller than Khulan.　ピーターはホランよりもずっと背が高い。

　3-A) The harder you study, the better marks you get.

　　　　頑張って勉強すればするほど、良い成績が取れる。

2. 暗記した基本文を参考に [　]内の語句を使って、次の文を英語に訳しましょう。 ◁》113

　1-B) ユキはリナよりものんびりしている。　　　　　　　　　　　　　　[laid-back]

　1-C) ケンジはアンディよりも口数が少ない。　　　　　　　　　　　　[less talkative]

　2-B) 12号館は5号館よりもずっと高い。　　　[Building No.12 / Building No.5]

　2-C) 幕張豊砂駅は新習志野駅よりもずっと新しい。　[Makuharitoyosuna Station]

　3-B) 頑張って練習すればするほど、上手にプレイできる。　　　　　　　[practice]

　3-C) 早く始めれば始めるほど、たくさん稼げる。　　　　[sooner / start / earn]

3. 音声または先生のお手本を聞いて、1と2の文を続けて音読しましょう。 ◁》114

4.最上級・同等比較

Rina is one of the best Esport players in Japan.
I must practice as hard as I can.

● **GET READY** ●

A) 最上級 (in 集団を表す単数名詞) (of the＋数／複数名詞)

　①Peter is the tallest in our club.　ピーターは私たちのクラブで最も背が高い。

　②Peter is the tallest of the three.　ピーターは3人の中で最も背が高い。

☺ **TIP** one of the 最上級＋名詞 (複数形)　「最も～な…の1つ／1人」

　③Rina is one of the best Esports players in Japan.　リナは日本最強のeスポーツ選手の1人だ。

B) 同等比較

　④Andy is almost as tall as Peter.　アンディはピーターとほとんど同じ背の高さだ。

　⑤I must practice as hard as I can.　私はなるべくがんばって練習せねばなりません。

☺ **TIP** twice (three times) as ～ as...　「…の2倍 (3倍) ～である」

　⑥Nagano is about three times as large as Fukui.　長野は福井の約3倍の広さです。

● **LET'S TRY** ●

1. 音声または先生の音読を復唱し、以下の基本文を暗記しましょう。 ◁))115

　1 - **A**) Peter is the tallest of the three.　ピーターは3人の中で最も背が高い。

　2 - **A**) Rina is one of the best Esports players in Japan.
　　　　　リナは日本最強のeスポーツ選手の1人だ。

　3 - **A**) Andy is almost as tall as Peter.　アンディはピーターとほとんど同じ背の高さだ。

2. 暗記した基本文を参考に [　] 内の語句を使って、次の文を英語に訳しましょう。 ◁))116

　1 - **B**) この本は5冊の中で最も情報量が多い。　　　　　　　　　　　[informative]

　1 - **C**) この機械は3台の中で最も信頼性が高い。　　　　　　　　　　[reliable]

　2 - **B**) 東京は世界で最も人口過密な都市の1つです。　　　　　　　[overpopulated]

　2 - **C**) 千葉工業大学は日本で最も古い工業大学の1つです。　[institutes of technology]

　3 - **B**) この公園は東京ドームの5倍の広さです。　　　　　　　　　[Tokyo Dome]

　3 - **C**) 東京スカイツリーは東京タワーの2倍の高さです。

　　　　　　　　　　　　　　　　　　　　　　　　　[Tokyo Skytree / Tokyo Tower]

3. 音声または先生のお手本を聞いて、1と2の文を続けて音読しましょう。 ◁))117

KEEP GOING

(　　)内の語句を使って、日本語を英語にしてみましょう。

1）あなたは何をする予定ですか。 (be going to)

2）誰がそのワークショップに参加していますか。 (the workshop)

3）これは誰のモバイルバッテリーですか。 (power bank)

4）なぜアンディはそんなことを言ったのですか。 (why / such a thing)

5）あなたの車を直すのにいくらかかりましたか。 (repair / your car)

6）このレポートの締切はいつですか。 (report / due)

7）アンディはケンジよりも外向的な性格だ。 (outgoing)

8）ケンジはアンディよりも少し足が速い。 (a little faster)

9）怒っているというよりも困惑しています。 (confused / angry)

10）このノートパソコンは3台の中で最もハイスペックだ。 (laptop / high-performance)

11）私たちの大学は日本で最も古い工業大学の1つです。 (our university)

12）この庭園は幕張メッセの3倍の広さです。 (garden / Makuhari Messe)

付録8：発音のポイント（4）内容語と機能語 🔊118

　日本語は音声の高低により語（例：橋vs.箸）を区別するのに対して、英語は音声の強弱により語を区別する言語です。単語は内容語と機能語の2種類に大きく分かれ、**内容語は実質的な意味を持つ語（名詞・動詞・形容詞・副詞など）**、機能語は文法機能を担う語（接続詞・冠詞・助動詞・前置詞・代名詞など）です。発音の側面での違いとしては、**内容語は強く発音されるのに対して、機能語は弱く発音される傾向があります**(強調したい場合などは例外)。また、機能語にはストレス（強勢）が置かれないため、音の弱化や脱落が起こりやすくなります。

● 内容語の例
　　名　詞：shop, dish, student, book 等
　　動　詞：read, go, eat, sleep 等
　　形容詞：big, small, new, old 等
　　副　詞：slowly, quickly, technically 等

● 機能語の例
　　接続詞：and, but, or, as 等
　　冠　詞：a, an, the
　　助動詞：can, will, must, should 等
　　前置詞：at, on, in, of 等
　　代名詞：I, you, he, she, it, they 等

内容語と機能語のストレスの有無を確認しよう！
強く発音する位置には〇がついています。

(1) John went to the shop.
　　 ◯　　 ◯　　　　　 ◯

(2) Don't worry about the matter.
　　　 ◯　　 ◯　　　　　 ◯

(3) Let's go to see a baseball game tonight.
　　　 ◯　 ◯　 ◯　 ◯　　 ◯　　 ◯

1. CHAPTER 6 まとめ（過去形・完了形）

● GET READY ●

基本文の確認

1. 過去形

   1-A） There was a cat in the tree.

   2-A） He studied English very hard.

   3-A） She gave me a birthday present.

2. 過去形の否定文・疑問文

   1-A） I did not work at that laboratory.

   2-A） He visited New York two years ago.

   3-A） Did she tell you the truth?

3. 完了形

   1-A） I have visited Sydney twice.

   2-A） She has been reading this book for two hours.

   3-A） I had played the violin for three years before switching to the viola.

4. 現在完了形の否定文・疑問文

   1-A） Cathy has never visited Kyoto.

   2-A） He has been to California seven times.

   3-A） Have you heard the news from Thomas?

※分からない箇所があったら、該当ページを読みなおしましょう

● LET'S TRY ●

★教科書を閉じて音声だけで練習してみましょう！

1. 音声を聞き、基本文を復唱しましょう。 🔊119

2. 日本語を聞き、英語に訳しましょう。 🔊120

2. CHAPTER 7 まとめ（進行形・受動態）

● GET READY ●

基本文の確認

１．進行形

   1-A） We are doing an experiment now.

   2-A） My son is always reading comic books.

   3-A） You are working on future autonomous driving vehicles.

２．受動態

   1-A） The software is applied to autonomous driving vehicles.

   2-A） I am impressed by your idea.

   3-A） This dish was broken by Yuki.

３．否定文

   1-A） The software can be applied to autonomous driving vehicles.

   2-A） I was injured in a car accident.

   3-A） He is doing some research on the Internet.

４．疑問文

   1-A） Is he doing an experiment now?

   2-A） The software can be applied to autonomous driving vehicles.

   3-A） The software was developed three years ago.

※分からない箇所があったら、該当ページを読みなおしましょう

● LET'S TRY ●

★教科書を閉じて音声だけで練習してみましょう！

1.音声を聞き、基本文を復唱しましょう。 ◁》121

2.日本語を聞き、英語に訳しましょう。 ◁》122

3. CHAPTER 8 まとめ（助動詞）

基本文の確認

1. 主な助動詞 (1)

   1 - A) You can pay by credit card.

   2 - A) I was able to get credit.

   3 - A) May I have a glass of water?

2. 主な助動詞 (2)

   1 - A) I have to prepare for the exam.

   2 - A) You mustn't smoke on campus.

   3 - A) You should exercise every day.

3. 推測／丁寧の助動詞

   1 - A) He must be very good at calculating complex math problems.

   2 - A) She might be at home now.

   3 - A) Would you please explain that to me again?

4. 疑問文

   1 - A) I will go to bed early tonight.

   2 - A) Peter is going to study abroad next year.

   3 - A) I'm meeting Rina after school.

※分からない箇所があったら、該当ページを読みなおしましょう

● LET'S TRY ●

★教科書を閉じて音声だけで練習してみましょう！

1. 音声を聞き、基本文を復唱しましょう。 🔊123

2. 日本語を聞き、英語に訳しましょう。 🔊124

4. CHAPTER 9 まとめ（疑問詞の疑問文・比較級）

● GET READY ●

基本文の確認

1. 疑問代名詞

1-A） Who is taking part in the Esports tournament?

2-A） What is your plan for this summer?

3-A） Whose white coat is this?

2. 疑問副詞

1-A） Where will the meeting be held?

2-A） Why are you in such a hurry?

3-A） How long have you lived in Japan?

3. 比較級

1-A） Andy is more outgoing than Kenji.

2-A） Peter is much taller than Khulan.

3-A） The harder you study, the better marks you get.

4. 最上級／同等比較

1-A） Peter is the tallest of the three.

2-A） Rina is one of the best Esport players in Japan.

3-A） Andy is almost as tall as Peter.

※分からない箇所があったら、該当ページを読みなおしましょう

● LET'S TRY ●

★教科書を閉じて音声だけで練習してみましょう！

1. 音声を聞き、基本文を復唱しましょう。 🔊125

2. 日本語を聞き、英語に訳しましょう。 🔊126

MEMO

CHAPTER 11

I ate too much and got fat.

等位接続詞

● DIALOGUE ● ◁))127

Rina, Yuki, Andy, and Kenji are talking in the common space of Building No.12.

Rina: How did you enjoy your summer program?

Yuki: It was just amazing! All the teachers and staff were so friendly, and every dish was large and delicious.

Andy: Yeah, totally. I ate too much and got fat.

Kenji: I'm glad you both had a lot of fun. Did you go sightseeing?

Yuki: Yes, of course. We visited a beautiful beach as well as some historic sites.

Andy: We enjoyed not only sightseeing but also shopping. In a popular local shopping mall we bought some souvenirs for you two.

Yuki: Here you are. This is for you, Rina, and this is for you, Kenji.

Rina: Oh, my! What a lovely bracelet! Thank you!

Kenji: Thanks, but... what is this?

Yuki: It's canned air from California.

リナ：夏期研修はどうだった？

ユキ：すごくよかったよ！　先生やスタッフはみんな親切だったし、料理はどれも大盛りで美味しかった。

アンディ：それな。食べすぎて太ったわ。

ケンジ：二人とも楽しめてよかったね。観光はしたの？

ユキ：もちろん。きれいなビーチにも、史跡にも行ったよ。

アンディ：観光だけじゃなく、買い物も楽しかったよ。地元で人気のショッピング・モールで、君たちへのお土産も買ってきたんだ。

ユキ：はい、どうぞ。こっちはリナに、こっちはケンジに。

リナ：わあ！　かわいいブレスレット！　ありがとう！

ケンジ：ありがとう、でも、これは一体……

ユキ：カリフォルニアの空気の缶詰だよ。

1. 「語」をつなぐ

All the teachers and staff were so friendly,
and every dish was large and delicious.

主な等位接続詞には "and"、"or"、"but" がある。"(and) yet" も知っておくこと。
等位接続詞は対等なふたつ以上の語・句・節・文をつなぐ。

①He gave me pencils and erasers.　彼は私に鉛筆と消しゴムをくれた。

②Are these pearls natural or artificial?　この真珠は天然ですか、人工ですか。

③She is a young but talented artist.　彼女は若いが才能のある芸術家だ。

TIP 等位接続詞は、品詞や文中での役割が同じものをつなぎます。

いつ、そしてなぜあなたはテクノロジーに興味を持ったのですか。
④When and why did you become interested in technology?

私の街には2つか3つしかコンビニがない。
⑤There are only two or three convenience stores in my city.

⑥Science progresses slowly but surely.　科学はゆっくりだが確実に進化する。

● LET'S TRY ●

1. 音声または先生の音読を復唱し、以下の基本文を暗記しましょう。　◁))128
　1-A) When we add 15 and 30, we get 45.　15足す30は45です。
　2-A) Which do you prefer, planes or trains?　飛行機と電車、どちらがいいですか。
　3-A) Snowboarding and skiing are dangerous activities.
　　　　スノボとスキーは危険なアクティビティです。

2. 暗記した基本文を参考に [ ] 内の語句を使って、次の文を英語に訳しましょう。◁))129
　1-B) 15かける30は450です。　　　　　　　　　　　　　　　　　　　[multiply]
　1-C) 15かける30はいくつですか。　　　　　　　　　　　　　　　　　[how much]
　2-B) ビーフとチキン、どちらがいいですか。　　　　　　　　　　　[beef / chicken]
　2-C) 通路側の席と窓側の席、どちらがいいですか。　　　　　　　[aisle / window]
　3-B) スノボとスキーは楽しいアクティビティです。　　　　　　　　　[exciting]
　3-C) スノボとスキーは危険だけど楽しいアクティビティです。　　　　　　[but]

3. 音声または先生のお手本を聞いて、1と2の文を続けて音読しましょう。◁))130

2.「句」をつなぐ

I ate too much and gained weight.

● GET READY ●

① I was very tired and went to bed early yesterday.　昨日はとても疲れていて早く寝た。

あなたは私の家に車か電車で来ることができます。

② You can come to my house by car or by train.

③ I'm interested in physics but not in math.　物理には興味があるけど数学にはない。

● LET'S TRY ●

1. 音声または先生の音読を復唱し、以下の基本文を暗記しましょう。 🔊131

1-A) I will make a robot and help children.　私はロボットを作って子どもたちを助けます。

2-A) Will this character be voiced by him or by her?
このキャラクターに声をあてるのは彼ですか、彼女ですか。

3-A) She was sleeping but was disturbed by her cat.　彼女は寝ていたが猫に邪魔された。

2. 暗記した基本文を参考に [　] 内の語句を使って、次の文を英語に訳しましょう。 🔊132

1-B) 私はロボットを作って世界中の人々を助けます。　　　　　[around the world]

1-C) 私はロボットを作って世界中の障害のある人々を助けます。　　[with disabilities]

2-B) このキャラクターに声をあてるのは男性声優ですか、女性声優ですか。

[male / female]

2-C) このキャラクターに声をあてるのは若い声優ですか、ベテラン声優ですか。

[veteran]

3-B) 彼女は試験勉強していたが猫に邪魔された。　　　　　　[for an exam]

3-C) 彼女はオンラインミーティングに参加していたが、猫に邪魔された。

[participate]

3. 音声または先生のお手本を聞いて、1と2の文を続けて音読しましょう。 🔊133

3. 「節」をつなぐ

All the teachers and staff were so friendly,
and every dish was large and delicious.
This is for you, Rina, and this is for you, Kenji.

● GET READY ●

この図では、点Pは水平に動き、点Qは垂直に動く。

① In this diagram, the point P moves horizontally, and the point Q moves vertically.

一緒に出かけたいですか、それとも家にいたい気分ですか。

② Do you want to go out with us, or do you feel like staying at home?

私たちは新しい実験機材を輸入したが、それはまだ届いていない。

③ We imported the new experiment equipment, but it hasn't arrived yet.

😊 TIP▷ soとforは節と節のみを結ぶ等位接続詞です。直前にはカンマが置かれます。

④ It was getting cold, so I turned on the heater.　寒くなってきたので、暖房をつけた。

この研究室を選んだ。というのも、生物工学に興味があったからだ。

⑤ I chose this laboratory, for I was interested in biological engineering.

● LET'S TRY ●

1. 音声または先生の音読を復唱し、以下の基本文を暗記しましょう。 🔊134

　1-A) Kenji played the guitar, and Peter played the piano.
　　　ケンジはギターを弾いて、ピーターはピアノを弾いた。

　2-A) Are you married, or are you single?　あなたは既婚者ですか、それとも独身ですか。

　3-A) I visited Dr. Smith, but he was too busy.
　　　スミス先生を訪問したが、彼はあまりに多忙だった。

2. 暗記した基本文を参考に [ ] 内の語句を使って、次の文を英語に訳しましょう。 🔊135

　1-B) ケンジはサッカーをして、ピーターは本を読みました。　　　　　[play / read]
　1-C) ケンジは家にいて、ピーターは仕事中でした。　　　　[at home / at work]
　2-B) あなたは学生ですか、それとも働いていますか。　　　　　　　[working]
　2-C) あなたは冗談を言っていますか、それとも本気ですか。　　[joking / serious]
　3-B) スミス先生を訪問したが、彼は外出中だった。　　　　　　　　　[out]
　3-C) スミス先生を訪問したが、彼は外出中だった。なので彼にメールを送った。

　　　　　　　　　　　　　　　　　　　　　　　　　　　　　[send an email]

3. 音声または先生のお手本を聞いて、1と2の文を続けて音読しましょう。 🔊136

4.相関的に用いられる等位接続詞

We visited a beautiful beach as well as some historic sites.
We enjoyed not only sightseeing but also shopping.

●GET READY●

連結的な相関：both A and B、B as well as A、not only A but also B

スマートフォンもタブレットも両方良い学習ツールとなりえる。

①Both smartphones and tablets can be effective learning tools.

この学問は創造性だけでなく辛抱強さも必要である。

②This discipline requires patience as well as creativity.

私だけでなく上司もその発見に驚いた。

③Not only I but also my boss was surprised at the discovery.

選択的な相関：either A or B、neither A nor B

④You can talk either with me or her.　あなたは私と話してもいいし、彼女と話してもいい。

⑤Neither he nor I can speak Spanish.　彼も私もスペイン語を話すことはできない。

反意的な相関：not A but B

この珍しい種は、陸地ではなく水の中に生息している。

⑥These rare species live not on land but in water.

●LET'S TRY●

1．音声または先生の音読を復唱し、以下の基本文を暗記しましょう。 ◁))137

　1-A）This machine saves not only money but also time.
　　　　この機械があればお金だけでなく時間も省けます。
　2-A）You can contact me either by phone or by email.　電話かメールで私に連絡できます。
　3-A）The failure was not his fault but mine.　失敗は彼の過失ではなく私の過失だった。

2．暗記した基本文を参考に［　］内の語句を使って、次の文を英語に訳しましょう。 ◁))138

　1-B）この機械があればお金だけでなく手間も省けます。　　　　　　　　　　［effort］
　1-C）この機械があればお金だけでなく天然資源も節約できます。　　［natural resources］
　2-B）タクシーか徒歩でそこに行くことができます。　　　　　　　　　　　［on foot］
　2-C）現金かクレジットカードで支払うことができます。　　　　［cash / credit card］
　3-B）この企画の失敗は彼の過失ではなく私の過失だった。　　　　　　　［this project］
　3-C）この実験の失敗は彼の過失ではなく私の過失だった。　　　　　　［this experiment］

3．音声または先生のお手本を聞いて、1と2の文を続けて音読しましょう。 ◁))139

KEEP GOING

（　　）内の語句を使って、日本語を英語にしてみましょう。

1）10かけるマイナス2はいくつですか。　　　　　　　　　　　　　　　(negative 2)

2）朝食にはパンとお米、どちらがいいですか。　　　　　　　　　　　(for breakfast)

3）将棋とチェスは難しいけど楽しいボードゲームです。　　　　　　　(board games)

4）私はロボットを作って発展途上国の人々を助けたいです。　(developing countries)

5）このキャラクターに声をあてたのは新人声優ですか、ベテラン声優ですか。

　　　　　　　　　　　　　　　　　　　　　　　　　　(a rookie voice actor)

6）彼女はオンライン会議に参加していたが、子どもたちに邪魔された。　(her children)

7）ケンジはバイトをして、ピーターはオンラインで勉強しました。　(part-time / online)

8）あなたは今時間がありますか、それとも忙しいですか。　　　(available / busy)

9）スミス先生を訪問したが、彼は外出中だった。なので彼に電話をした。　　(call)

10）この機械があればお金だけでなく時間と手間も省くことができます。　(time and effort)

11）宿題の提出は手渡しかメールでできます。　　　　(submit / assignment)

12）この実験の遅れは彼の過失ではなく私の過失だった。　(delay / this experiment)

付録9：比較の慣用表現 ◁))140

様々な表現を暗記して、しっかり身につけましょう！

no more than = only

①She has <u>no more than</u> 10 books.　彼女は10冊しか本を持っていない。

「多かれ少なかれ」

②This matter is <u>more or less</u> settled.　この問題は大体片付いた。

「〜というよりむしろ」

③He is <u>not so much</u> a teacher <u>as</u> a scholar.　彼は教師というより学者だ。

「2つのうちで〜な方」

④This car is <u>the</u> <u>larger of the two</u>.　この車は2台のうちで大きい方だ

「ますます〜」

⑤The nights are getting <u>shorter and shorter</u>.　夜がだんだん短くなってきた。

「少なくとも」

試験の前に少なくとも3時間は勉強をするべきだ。

⑥You must study for <u>at least</u> 3 hours before the exam.

「せいぜい」

⑦He is <u>at most</u> 30 years old.　彼はせいぜい30才だろう。

「ほかのだれよりも〜」

⑧She is as rich <u>as anyone</u> in the village.　彼女は村で誰にも劣らず金持ちだ。

「〜より優れている（劣っている）」

父は母より料理が上手（下手）です。

⑨My father is <u>superior (inferior) to</u> my mother in cooking.

「〜より年下（年上）」

⑩She is <u>junior (senior) to</u> Kenji by 3 years.　彼女はケンジより3歳年下（年上）です。

CHAPTER 12

I will be happy if I can contribute to the fight.

従位接続詞・副詞節

● DIALOGUE ● 🔊141

Yuki, Kenji, and Peter are waiting for Khulan in the cafeteria.

Yuki: This lingering summer heat is killing me. It's so hot in the daytime. I don't want to go outside.

Kenji: I have lived in Narashino since I was born, but I'm not used to this kind of heat at all.

Peter: When I was in Taiwan, I used to think it was the hottest place in the world. But the heat in Japan is really severe, too.

Kenji: It feels like the earth is getting hotter and hotter every year. It must have something to do with climate change, right? Is there anything we can really do about it?

Peter: Well, since technology has made great progress lately, I'm sure that it will play an important role in the fight against global warming.

Yuki: I will be happy if I can contribute to the fight. Actually, it's one of my goals. I will keep studying hard until I figure out what I can do to help.

Kenji: Wow, you are so serious...

Peter: Hey, is that Khulan over there? Hi, Khulan! We are over here!

Khulan: Hi, there! It's crazy hot today, isn't it? While I was walking from the station, I felt like I was melting.

Peter: Now that Khulan is here, should we go?

Yuki: Let me get an ice cream before we go. Hey Kenji, would you go buy me an ice cream at the school store?

Kenji: What? Why me? I don't want to go outside, either, though I do want one too.

ユキ：この残暑で死んじゃいそうだよ。日中はとても暑くなるし。外に出たくないな。

ケンジ：僕は生まれてから習志野に住んでるけど、この種類の暑さにはまったく慣れないな。

ピーター：僕が台湾にいた頃は、そこが世界で一番暑いところだと思ったものだよ。でも日本の暑さも本当にしんどいね。

ケンジ：毎年暑くなっていっている気がする。それって気候変動だよね。何か僕たちができることってあるかな？

ピーター：最近テクノロジーはすごく進化をしてるから、それが地球温暖化との闘いで重要な役割を果たすと確信してるよ。

ユキ：その闘いに私が貢献できたら嬉しいな。実は、それが私の目標のひとつなんだよね。貢献するために何ができるかわかるまで、一生懸命勉強するんだ。

ケンジ：うぉ、真剣だね…。

ピーター：見て。あれホランじゃない？　おーい、ホラン！　こっちだよ！

ホラン：こんにちは！　今日は暑いね。駅から歩いてくる間、溶けそうだったよ。

ピーター：ホランも来たことだし、行きますか？

ユキ：外に出る前にアイスクリーム食べさせて。ケンジ、購買に行ってアイスクリーム買ってきてくれる？

ケンジ：ええ、なんで僕が…。僕も外に出たくないよ、僕もひとつ食べたいけどさ。

1.「時」の副詞節

When I was in Taiwan, I used to think it was the hottest place in the world.
While I was walking from the station, I felt like I was melting.

●GET READY●

アラームが鳴ったら、ペンを置かなければなりません。

①You must put down your pen when the alarm rings.

友達とオンラインゲームをやっていたら、彼のアカウントが停止された。

②While I was playing the online game with my friend, his account got banned.

フラスコの水が沸騰を始めるまで熱し続けなさい。

③Continue heating until the water in the flask begins to boil.

実験室を出る前に手を入念に洗いなさい。

④Wash your hands carefully before you leave the laboratory.

●LET'S TRY●

1. 音声または先生の音読を復唱し、以下の基本文を暗記しましょう。 ◁》142

　1-A) You must be careful when you handle the experimental apparatus.
　　　　その実験器具を使う時は気をつけて。

　2-A) While I was chatting with my friends online, my computer crashed suddenly.
　　　　友達とオンラインで話していたら、パソコンが突然クラッシュした。

　3-A) Go straight this way until you get to a convenience store.
　　　　コンビニまでまっすぐ進んでください。

2. 暗記した基本文を参考に [ ] 内の語句を使って、次の文を英語に訳しましょう。 ◁》143

　1-B) オンラインで買い物するときは気をつけて。　　　　　　　　　　[shop online]
　1-C) その道を渡るときは気をつけて。　　　　　　　　　　　　　[cross the street]
　2-B) 友達とオンラインで話していたら、パソコンが突然フリーズした。　　　[freeze]
　2-C) 友達とオンラインで話していたら、パソコンが突然遅くなった。　　[become slow]
　3-B) 信号までまっすぐ進んでください。　　　　　　　　　　　[the traffic light]
　3-C) 交差点までまっすぐ進んでください。　　　　　　　　　　[the intersection]

3. 音声または先生のお手本を聞いて、1と2の文を続けて音読しましょう。 ◁》144

2.「理由」の副詞節

Since technology has made great progress lately, I'm sure that it will play an important role in the fight against global warming.

● GET READY ●

電車が1時間遅れたので、授業に遅刻した。

①I was late for the class because the train was delayed for an hour.

天気がとてもよかったので、散歩をした。

②Since the weather was so pleasant, I took a walk.

夜型人間だから、朝の授業は嫌いだ

③As I'm a night owl, I hate early morning classes.

もう大人なんだから、自分の行動には責任を負うべきだ

④Now that you are grown-up, you should take responsibility for your behaviors.

● LET'S TRY ●

1. 音声または先生の音読を復唱し、以下の基本文を暗記しましょう。 ◀))145

  1-A) I am sleepy because I stayed up late last night.　昨晩夜更かししたので、眠い。

  2-A) Since it was very hot yesterday, I didn't want to go out.

      昨日はとても暑かったので、外に出たくなかった。

  3-A) Now that I have finished my assignment, I will go to bed.

      宿題も終わったので、寝よう。

2. 暗記した基本文を参考に [ ] 内の語句を使って、次の文を英語に訳しましょう。 ◀))146

  1-B) 今朝朝食を食べなかったので、お腹が空いた。　　　　　　　　　　[hungry]

  1-C) 昨晩食べ過ぎたので、気持ちが悪い。　　　　　　　　　　　　　　[sick]

  2-B) 昨日はとても寒かったので、外に出たくなかった。　　　　　　　　[cold]

  2-C) 昨日は雨がひどかったので、外に出たくなかった。　　　　　　　　[rainy]

  3-B) 宿題も終わったので、あのオンラインゲームをやろう。　　[that online game]

  3-C) 宿題も終わったので、あの映画を見よう。　　　　　　　　　[that movie]

3. 音声または先生のお手本を聞いて、1と2の文を続けて音読しましょう。 ◀))147

3. 「条件」・「譲歩」の副詞節

I will be happy if I can contribute to the fight.
I don't want to go outside, either, though I do want one too.

● GET READY ●

もし雨が降ったら、私たちは午後には外出しません。

①We will not go out this afternoon if it rains.

一生懸命勉強しないと、試験に通らないよ。

②You will not pass the exam unless you study hard.

間食をやめたけれど、彼は体重を減らせなかった。

③He could not lose weight though he gave up eating between meals.

● LET'S TRY ●

1 . 音声または先生の音読を復唱し、以下の基本文を暗記しましょう。 ◁))148

1 - A) Call me if you are free.　暇だったら、電話して。

2 - A) I will not speak to you unless you apologize.
あなたが謝らない限り、あなたと話さない。

3 - A) I really want to buy the bag though it is so expensive.
とても高いけど、あのバッグを本当に買いたい。

2 . 暗記した基本文を参考に [　] 内の語句を使って、次の文を英語に訳しましょう。 ◁))149

1 - B) 時間があったら、電話して。　　　　　　　　　　　　　　[have time]

1 - C) 何か質問があったら、電話して。　　　　　　　　　　[have any questions]

2 - B) あなたが謝らない限り、あなたには会わない。　　　　　　　[see you]

2 - C) あなたが謝らない限り、あなたとはゲームをしない。　　　　[play games]

3 - B) とても高いけど、あのスマートフォンを本当に買いたい。　[that smartphone]

3 - C) とても高いけど、あの靴を本当に買いたい。　　　　　　[those shoes]

3 . 音声または先生のお手本を聞いて、1と2の文を続けて音読しましょう。 ◁))150

4. 主な群接続詞

● GET READY ●

パリのいいホテルを見つけたらすぐに予約をとろう。

① We will make a reservation as soon as we find a suitable hotel in Paris.

ホランは祖父が理解できるように彼にゆっくりと話しかけた。

② Khulan spoke slowly to her grandfather so that he could understand her.

注意深く使う限り、私のノートパソコンを使ってもいいですよ。

③ You can use my laptop as long as you use it carefully.

私が知る限り、これが私たちの研究室で一番高価な機材だ。

④ As far as I know, this is the most expensive equipment in our laboratory.

教室の冷房が強い場合に備えて、上着を持っていったほうがいいよ。

⑤ You should take your jacket in case the air conditioning in the classroom is too strong.

● LET'S TRY ●

1 . 音声または先生の音読を復唱し、以下の基本文を暗記しましょう。 🔊)151

   1 - A）I will text you as soon as I finish this job. 　この仕事が終わったらすぐに連絡するよ。

   2 - A）He studied hard so that he could pass the exam.
      彼はその試験に受かるように一生懸命勉強した。

   3 - A）I don't mind the ticket price as long as the show is moving.
      その劇が感動的な限り、チケットの値段は気にしない。

2 . 暗記した基本文を参考に [ ] 内の語句を使って、次の文を英語に訳しましょう。 🔊)152

   1 - B）この課題が終わったらすぐに連絡するよ。 　　　　　　　　[assignment]
   1 - C）今夜の会議が終わったらすぐに連絡するよ。 　　　　　[with tonight's meeting]
   2 - B）彼はその大学に入れるように一生懸命勉強した。 　　　　　　　[enter]
   2 - C）彼はその指輪を買えるように一生懸命働いた。 　　　　　　　[that ring]
   3 - B）そのイベントが面白い限り、チケットの値段は気にしない。 　　[interesting]
   3 - C）その食べ物がおいしい限り、カロリーは気にしない。 　　　　　[calories]

3 . 音声または先生のお手本を聞いて、1 と 2 の文を続けて音読しましょう。 🔊)153

KEEP GOING

（　　）内の語句を使って、日本語を英語にしてみましょう。

1）その化学薬品を扱うときは気をつけて。　　　　　　　　　　　　（the chemicals）

2）友達とオンラインで話していたら、パソコンが突然落ちた。　　　（shut down）

3）ガソリンスタンドまでまっすぐ進んでください。　　　　　　　　（a gas station）

4）朝までオンラインゲームをしたので、眠い。　　　　　　　　　　（until morning）

5）昨日は雪がひどかったので、外に出たくなかった。　　　　　　　（snowy）

6）宿題も終わったので、散歩に行こう。　　　　　　　　　　　　　（take a walk）

7）何か問題があったら、電話して。　　　　　　　　　　　　　　　（any problems）

8）あなたが謝らない限り、あなたを許さない。　　　　　　　　　　（forgive）

9）とても高いけど、あのゲーミングチェアを本当に買いたい。　　　（that gaming chair）

10）洗濯が終わったらすぐに連絡するよ。　　　　　　　　　　　　　（the laundry）

11）彼はその免許がもらえるように一生懸命勉強した。　　　　　　　（the license）

12）その小説が面白い限り、値段は気にしない。　　　　　　　　　　（cost / interesting）

付録10：発音のポイント (5) 弱母音 ◁)) 154

　日本語を母語とする人は、例えばtennisであれば「テニス」、focusであれば「フォーカス」、Londonであれば「ロンドン」というように、日常的に英語をカタカナで置き換える習慣があります。そして、このカタカナ表記の癖がいざ英語を発音する際にも出てしまい、あらゆる英単語をカタカナ読みで発音してしまいがちです。しかし、残念ながら、これでは英語を母語とする人には通じません。なぜならば、英語をカタカナ読みで発音してしまうと、あらゆる母音がはっきりと発音されてしまい、「あいまいな母音」が正しく発音されなくなるからです。英語特有の「あいまいな母音」をマスターできれば、英語を英語らしく発音することができるようになり、リスニング力も向上します。

● あいまいな母音＝弱母音 /ə/（シュワ［schwa］）

　「あいまいな母音」、すなわち弱母音 /ə/（シュワ［schwa］）は、よく「ア」と表記されますが、厳密には日本語のどの母音とも異なる音色で、「あ、い、う、え、お」のどれともつかない、これらが弱まってはっきりとした音質を失った中間的な音のことを指します。日本語で正確に表記することは不可能ですが、強いて表記するならば、「ア」と「ウ」の中間のような音質になります。

● 英単語の中で最も頻度が高い /ə/

　/ə/ は、英語の中では最も頻度の高い音と言われています。なぜならば、どの母音でも、アクセントのない音節にある場合は/ə/になる傾向にあるからです。
　例えば、以下の単語の下線が引かれた母音（弱母音）は、表記上は異なっていても、発音はほぼ同じ/ə/になります。

①tennis　　　　focus　　　London

● /ə/ の発音練習

　では、以下の単語を発音してみましょう。発音する際には、/ə/（下線の弱母音）は口を軽く開けて脱力気味に弱く発音しましょう。

②about　　　　Japan　　　pilot
③banana　　　beautiful　　camera
④America　　　celebrity　　photographer

次に、文でも練習してみましょう。

⑤My science teacher is an American.
⑥Is the information on the Internet about him correct?

CHAPTER 13

I understand what you are saying.

従位接続詞・名詞節

● DIALOGUE ● ◁)155

Peter and Yuki are talking in the Learning Commons in the library.

Peter: Hi, Yuki! I was looking for you. Do you have time? I have a question to ask you.

Yuki: Hello, Peter-senpai! I am free now. What's your question?

Peter: I was reading a book about Japanese culture last night. <u>What I learned from the book</u> is <u>that many people in Japan tend not to say what they really think.</u> Do you think that's true?

Yuki: Well, Yes and no. The fact is <u>that we sometimes hide our true feelings so as not to hurt others.</u> However, we tell others <u>what we really think</u> when we really have to.

Peter: Hmm, I understand <u>what you are saying.</u> I also do the same thing. It seems we are basically the same. Thanks for answering my question.

Yuki: My pleasure. I'm very happy I could help. Of course you can ask me questions like that anytime.

Peter: Thanks, I will. Thanks for your kindness.

ピーター：やあ、ユキ！　探していたんだよ。時間ある？　ひとつ聞きたいことがあるんだ。

ユキ：こんにちは、ピーター先輩。今は暇です。質問は何？

ピーター：昨晩、日本文化に関する本を読んでいたんだ。その本で知ったんだけど、日本では本音を話さない人が多いんだってね。それって本当だと思う？

ユキ：どっちとも言えますね。実は、他者の気持ちを傷つけないため、時に、本音を隠すことがあります。でも、伝えなければならない場合は、思っていることを他者に伝えます。

ピーター：ふむふむ、なるほどね。僕も同じことをするよ。じゃあ、僕たちは基本的に同じってことだね。質問に答えてくれてありがとう。

ユキ：どういたしまして。お役に立ててとてもうれしいです。その手の質問はいつでもしてくださいね。

ピーター：そうさせてもらうね。どうもありがとう。

1. 従位接続詞・名詞節の種類

I understand what you are saying.

● GET READY ●

that

①I can't believe that he told me a lie.　彼が私に嘘をついたとは思えない。

疑問詞

彼が何時にパーティーに来るかは知らない。

②I don't know what time he will come to the party.

whether / if

彼がパーティーに来るかどうかは知らない。

③I don't know whether he will come to the party.

● LET'S TRY ●

1. 音声または先生の音読を復唱し、以下の基本文を暗記しましょう。 ◁》156

　1-A) I can't believe that he told me a lie.　彼が私に嘘をついたとは思えない。

　2-A) I understand what you are saying.　何をあなたが言っているか分かります。

　3-A) I don't know whether he will come to the party or not.
　　　　彼がパーティーに来るかは分からない。

2. 暗記した基本文を参考に [ ] 内の語句を使って、次の文を英語に訳しましょう。 ◁》157

　1-B) 彼が私に嘘をついたことは知っています。　　　　　　　　[know]

　1-C) 彼が私を好きかどうかは分からない。　　　　　　　　　　[like]

　2-B) 何をあなたが考えているかが分かります。　　　　　　　　[think]

　2-C) 何を彼が考えているかが分かります。　　　　　　　　　　[he]

　3-B) 何時に彼がパーティーに来るか分からない。　　　　　[what time]

　3-C) 何時に彼が家に帰るか分からない。　　　　　　　　　[go home]

3. 音声または先生のお手本を聞いて、1と2の文を続けて音読しましょう。 ◁》158

2. 名詞節の機能①

**What I learned from the book is that many people in Japan
tend not to say what they really think.
The fact is that we sometimes hide our true feelings so as not to hurt others.**

● GET READY ●

主語の働き

①That he is innocent is a fact.　彼が無実であることは事実だ。

補語の働き

　実は、他者の気持ちを傷つけないよう本心を隠すことが時にあります。

②The fact is that we sometimes hide our feelings so as not to hurt others.

☺TIP〉 名詞節が主語の場合、形式主語 (it) を用いることが多い

③It is a fact that he is innocent.　彼が無実であることは事実だ。

● LET'S TRY ●

1. 音声または先生の音読を復唱し、以下の基本文を暗記しましょう。 ◁»)159

　1-A）It is a fact that he is innocent.　彼が無実であることは事実だ。

　2-A）The fact is that we sometimes hide how we feel.　実は、私達は時に本心を隠す。

　3-A）It doesn't matter to me whether she will marry or not.
　　　　彼女が結婚するかは私には重要ではない。

2. 暗記した基本文を参考に [　] 内の語句を使って、次の文を英語に訳しましょう。 ◁»)160

　1-B）彼が天才であることは事実だ。　　　　　　　　　　　　　[it / genius]

　1-C）彼女が天才であったことは事実だ。　　　　　　　　　　　　　[she]

　2-B）実は、私達は一卵性の双子だ。　　　　　　　　　　　[identical twins]

　2-C）実は、彼は私の弟だ。　　　　　　　　　　　　　　[younger brother]

　3-B）彼が試験に受かるかどうかは私にとって重要ではない。　[it / pass the exam]

　3-C）彼が私を好きかどうかは私にとって重要ではない。　　　　　[it / like]

3. 音声または先生のお手本を聞いて、1と2の文を続けて音読しましょう。 ◁»)161

3. 名詞節の機能②

We tell others what we really think.

目的語の働き

何を君が言っているかは分かるよ。

①I understand what you are saying.　（他動詞の目的語）

そのオファーを受けるかどうかについて考えるべきだ。

②You should think about whether you will accept the offer.　（前置詞の目的語）

同格の働き

彼は息子が医者である事実を誇りに思っている。

③He is proud of the fact that his son is a doctor.

● LET'S TRY ●

1. 音声または先生の音読を復唱し、以下の基本文を暗記しましょう。 ◁))162

　1 - A) He is proud of the fact that his son is a doctor.
　　　　　彼は息子が医者である事実を誇りに思っています。

　2 - A) He asked what time it was.　彼は何時か尋ねた。

　3 - A) I told him what I really thought.　私が何を本当は考えているかを彼に伝えた。

2. 暗記した基本文を参考に [ ] 内の語句を使って、次の文を英語に訳しましょう。 ◁))163

　1 - B) 彼は息子が医者であった事実を誇りに思っていた。　　　　　　　　[was]

　1 - C) 彼は自分がその難問を解いた事実を誇りに思っていた。

　　　　　　　　　　　　　　　　　　　　　[solve the difficult question]

　2 - B) 彼は私がどこに住んでいるかを尋ねた。　　　　　　　　　　[where]

　2 - C) 彼は私がどのようにその難問を解いたかを尋ねた。　　　　　　[how]

　3 - B) 自分がなぜ腹を立てたかを私は彼に伝えた。　　　　[why / get angry]

　3 - C) 自分がいつ家に帰るかを私は妻に伝えた。　　　　[when / be back]

3. 音声または先生のお手本を聞いて、1と2の文を続けて音読しましょう。 ◁))164

4.名詞節と副詞節の比較

● GET READY ●

名詞節と副詞節の両方に使用される表現：whether / if

彼がパーティーに来るかどうかは私にとって重要ではない。

①It doesn't matter to me whether he will come to the party.

好むか好まざるかにかかわらず、パーティーに行かなければなりません。

②Whether you like it or not, you must go to the party.

③I am not sure if he will come to the party.　彼がパーティーに来るかは分からない。

④I will go out if the weather is fine tomorrow.　明日天気が良ければ、外出します。

😊TIP 主語としての if 節 / whether 節

飲酒をやめるべきかどうかはあなたの判断です。

⑤○ Whether / ✕ If you should stop drinking is your decision

➡ It is your decision ○ whether / ○ if you stop drinking.

● LET'S TRY ●

1．音声または先生の音読を復唱し、以下の基本文を暗記しましょう。🔊165

1 - A) Whether you like it or not, you must go to the party.

好むと好まざるとにかかわらず、あなたはパーティーに行かなければならない。

2 - A) If the weather is fine tomorrow, I will go out.　明日天気が良ければ、出かけます。

3 - A) I don't know if she likes him.　彼女が彼を好きかどうかは分からない。

2．暗記した基本文を参考に [ ]内の語句を使って、次の文を英語に訳しましょう。🔊166

1 - B) 好むと好まざるとにかかわらず、あなたは授業に出席しなければならない。

[attend the class]

1 - C) 好むと好まざるとにかかわらず、あなたはレポートを提出しなければならない。

[hand in the report]

2 - B) 彼が来るなら、僕は出かけます。　　[come here]

2 - C) 手伝ってくれるなら、ランチをおごるよ。　　[buy you lunch]

3 - B) 実験が成功したかどうかは分からない。　　[whether / succeed]

3 - C) 君が仕事で成功するかどうかは分からない。　　[if / succeed in business]

3．音声または先生のお手本を聞いて、1と2の文を続けて音読しましょう。🔊167

KEEP GOING

（　　）内の語句を使って、日本語を英語にしてみましょう。

1）彼が私に嘘をついたことは知っています。　　　　　　　　　　　　　　　　　　　（that)

2）何時に彼がパーティーに来るのか分からない。　　　　　　　　　　（what time / come)

3）何を彼が考えているか分かります。　　　　　　　　　　　　　　　　　　　（what)

4）彼が天才であることは事実だ。　　　　　　　　　　　　　　　　（genius / a fact)

5）実は、私たちは一卵性の双子だ。　　　　　　　　　（the fact / identical twins)

6）試験に受かるかどうかは私にとって重要ではない。　　　　　　　（pass the exam)

7）彼は自分がその難問を解いた事実を誇りに思っていた。　　（solve the difficult question)

8）彼は私がどこに住んでいるかを尋ねた。　　　　　　　　　　　　　　（where)

9）自分がなぜ腹を立てたかを私は彼に伝えた。　　　　　　　（why / get angry)

10）好むと好まざるとにかかわらず、あなたは授業に出席しなければならない。

　　　　　　　　　　　　　　　　　　　　　　　　　　　　（attend the class)

11）手伝ってくれるなら、ランチをおごるよ。　　　　　　　　（if / buy you lunch)

12）実験が成功したかどうかは分からない　　　　　　　　（whether / succeed)

付録11：発音のポイント (6) 日本語にない母音・子音 🔊168

　英語には日本語にはない音が含まれています。日本語にない音は原則日本語の音で代用することが出来ませんので、カタカナでは正確な音を表記できませんし、日本人がそれらを発音したり聞き取ったりするのが難しいのは当たり前のことです。しかし、そのことを意識して、練習して、慣れることで、発音やリスニングの力を伸ばすことは出来ます。以下に日本人の耳では区別しにくい音をいくつか取り上げています。音の違いを確認してみましょう。

●日本語にない英語の母音

①/ʌ/ ：「ア」と「オ」の中間にある音。/æ/や/ɑ/より短い。　　例：cup / hut / stuck

　/æ/ ：「ア」に「エ」が加わったような音。　　例：cap / hat / stack

　/ɑ/ ：「ア」よりも口を縦に大きく開けて発音する。　　例：cop / hot/ stock

　/ə/ ：弱母音の代表的なもの。「ア」とも「ウ」ともつかない弱く曖昧な音。

　　　　　　　　　　　　　　　　　　　　　　　　　　　　　例：about / famous

②/ɪ/ ：「イ」と「エ」の中間にある音。　　例：sit / live / fill

　/iː/ ：「イー」と大体同じだが、唇をもっと横に引く。　　例：seat / leave / feel

③/ʊ/ ：「ウ」と「オ」の中間の音。　　例：pull / full / could

　/uː/ ：唇を丸めて突き出すようにして「ウー」と言う。　　例：pool / fool / cooed

④/oʊ/：「オ」の後ろに軽く「ウ」を添える。　　例：low / boat / hole

　/ɔː/ ：唇を丸くしてそのまま縦に口を開けて「オー」と言う。　　例：law / bought / hall

●日本語にない英語の子音

⑤/r/ ：口を丸く突き出して、舌を内側に巻いてラ行を発音する。

　　　　　　　　　　　　　　　　　　　　　　　　　　　　　例：rock / read / fry

　/l/ ：舌の先を前歯の後ろにあてて「ル」と発音する。　　例：lock / lead / fly

⑥/b/ ：きつく上下の唇を閉じたあと、唇で破裂させて作る。　　例：big / hobby / job

　/v/ ：前歯の先に下唇の内側を軽く当てて音を出す。　　例：victory / clever / love

⑦/θ/ ：上の歯と下の歯に舌を軽く挟んで「ス」と空気が漏れるように発音する。

　　　　　　　　　　　　　　　　　　　　　　　　　　　　例：think / nothing / earth

　/ð/ ：上の歯に舌を当て、その隙間から息を出して、歯と舌の摩擦で音を出す。

　　　　　　　　　　　　　　　　　　　　　　　　　　　　例：this / father / smooth

CHAPTER 14

I prefer making games.

動名詞

● DIALOGUE ● 🔊169

Andy and Kenji are talking on a school bus headed for Tsudanuma.

Kenji: The school festival is coming soon. Are you going to participate in any of the Esports competitions? I know you are pretty good at playing esports!

Andy: Actually, I'm not. Rina is much better at playing games than me.

Kenji: That I can believe. I heard she plays games for 5 hours or more every day.

Andy: I like playing games, too, but I prefer making games to playing them. I want to be a programmer after I graduate.

Kenji: Sounds great!

Andy: What will you do in the future, Kenji?

Kenji: I don't know. Unlike you and Yuki, I have no goals or dreams. Sometimes I hate myself for saying that.

Andy: You don't have to worry about not knowing what you want to do yet. I'm sure you will figure it out during your time here.

Kenji: I hope so.

Andy: So how about taking part in the competition if you have nothing to do at the festival?

Kenji: I'll do it if you do it.

ケンジ：もうすぐ学祭だね。eスポーツの大会に参加するの？　すごく上手だよね。

アンディ：出ないよ。ゲームならリナの方が断然うまいからね。

ケンジ：そうだね。毎日5時間以上ゲームしているらしいよ。

アンディ：僕もゲームをするのは好きなんだけど、どちらかというとゲームを作る方が好きなんだ。卒業したらプログラマーになりたい。

ケンジ：いい目標だね。

アンディ：ケンジ、君は将来どうするの。

ケンジ：わからない。君やユキと違って、僕には目標も夢もないんだ。こんなこと言う自分が時々嫌になるよ。

アンディ：まだ何をしたいかわからなくても心配ないよ。きっと在学中に見つかるよ。

ケンジ：そうだと良いんだけど。

アンディ：学祭の予定がないなら、大会に参加すれば。

ケンジ：君が出るなら僕も出るよ。

1. 動名詞の基本

My hobby is playing games.

動名詞は動詞を名詞化したもので～ ing の形をとる

①Studying hard is a duty of students.　一生懸命勉強することは学生の義務だ。

②I like reading English magazines.　英語の雑誌を読むのが好きだ。

③My hobby is collecting stamps.　私の趣味は切手を集めることです。

1．音声または先生の音読を復唱し、以下の基本文を暗記しましょう。 🔊170
　1-A）Drinking every day is harmful for your health.　毎日の飲酒は健康によくない。
　2-A）We enjoy jogging in the park.　私たちは公園でジョギングするのが好きだ。
　3-A）Our business is making shoes.　私たちの仕事は靴を作ることだ。

2．暗記した基本文を参考に [　] 内の語句を使って、次の文を英語に訳しましょう。 🔊171
　1-B）食べ過ぎは健康に良くない。　　　　　　　　　　　　　　　　[too much]
　1-C）毎日のジョギングは健康に良い。　　　　　　　　　　　　　　　[good]
　2-B）英語の雑誌を読むのが嫌いだ。　　　　　　　　　　　　　　　[dislike]
　2-C）仏語の雑誌を読むのが嫌いではない。　　　　　　　　　　　　[French]
　3-B）私の仕事は公園を清掃することです。　　　　　[my job / clean the parks]
　3-C）彼の趣味は映画を見ることです。　　　　　　　　　　　　　　[hobby]

3．音声または先生のお手本を聞いて、1と2の文を続けて音読しましょう。 🔊172

2. 目的語としての動名詞と意味上の主語

I like playing games.

● GET READY ●

動詞によって動名詞を O にとる場合と、不定詞をとる場合がある。

私たちはパーティーでお互いおしゃべりして楽しんだ。

①We enjoyed talking to each other at the party.

②He stopped smoking after the birth of his baby.　赤ちゃんが生まれて彼はタバコをやめた。

彼女は倉庫から自転車を盗んだことを否定した。

③She denied stealing a bicycle from the warehouse.

④Do you mind my using your cell phone?　携帯を借りても良いですか。

● LET'S TRY ●

1. 音声または先生の音読を復唱し、以下の基本文を暗記しましょう。 ◁))173

　1- A) We enjoyed talking about the news.　私たちはその知らせについておしゃべりを楽しんだ。

　2- A) We like jogging in the park.　私たちは公園でジョギングをするのが好きだ。

　3- A) There is a high possibility of his passing the exam.
　　　　彼が試験に合格する可能性は高い。

2. 暗記した基本文を参考に [ ] 内の語句を使って、次の文を英語に訳しましょう。 ◁))174

　1- B) 私は両親との同居を続けた。　　　　　　　　　　　　　　　　[continue]

　1- C) 来週まで東京に行くのを延期するつもりだ。　　　　　　　[postpone / until]

　2- B) 一人で映画を見ることが好きです。　　　　　　　　　　　　　　[movies]

　2- C) 暴飲暴食をやめた。　　　　　　　　　　　　　　　　　　　[too much]

　3- B) 君がその試合に勝つ可能性は高い。　　　　　　　　　　[win the match]

　3- C) 私たちがその賭けに勝つ可能性は低い。　　　[probability / win the bet]

3. 音声または先生のお手本を聞いて、1と2の文を続けて音読しましょう。 ◁))175

3. 前置詞＋動名詞と慣用表現

Rina is much better at playing games than me.
So how about taking part in the competition if you have nothing to do
at the festival?

●**GET READY**●

前置詞＋動名詞

　大気中の温室効果ガスを減らすことについて話し合うべきだ。

① We must talk about reducing the greenhouse gasses in the atmosphere.

② You can contact me by sending an e-mail.　メールで連絡してください。

慣用表現

be good at ～ing	「～することが得意だ」
be used to ～ing	「～することに慣れている」
look forward to ～ing	「～するのを楽しみにしている」
cannot help ～ing	「～せずにはいられない」
on ～ing	「～するとすぐ」
in ～ing	「～するときには」
how about ～ing	「～するのはどう」

●**LET'S TRY**●

1. 音声または先生の音読を復唱し、以下の基本文を暗記しましょう。 ◁))176

　1-A）He left without saying good-bye.　さよならも言わずに彼は去った。

　2-A）We look forward to seeing you soon.
　　　　我々はあなたにもうすぐ会えることを楽しみにしています。

　3-A）I cannot help laughing at him.　彼を笑わずにはいられません。

2. 暗記した基本文を参考に [　] 内の語句を使って、次の文を英語に訳しましょう。 ◁))177

　1-B）彼は何も言わずに味方してくれた。　　　　　　　　　　　 [take one's side]
　1-C）母はケーキを焼くのが得意だ。　　　　　　　　　　　　　　　　　　 [bake]
　2-B）僕らはもう一度彼と野球ができるのを楽しみにしている。　　 [play baseball]
　2-C）多くの人の前で話すことに慣れていない。　　　　　　　　　　 [in front of]
　3-B）そのおもしろい動画に笑わずにはいられない。　　　　　 [the funny movie]
　3-C）君のことが心配で仕方ない。　　　　　　　　　　　　　　 [worry about]

3. 音声または先生のお手本を聞いて、1と2の文を続けて音読しましょう。 ◁))178

4. 動名詞の否定・受け身

You don't have to worry about not knowing what you want to do yet.

● GET READY ●

動名詞の否定

①Not eating too much makes you healthy.　食べ過ぎないことが健康につながる。

②Don't feel ashamed of not being brave.　勇敢でないことを恥ずかしく思わないで。

動名詞の受け身

　彼はテレビの騒々しい音に邪魔されるのが好きではない

③He doesn't like being disturbed by the noisy sound of the TV.

● LET'S TRY ●

1. 音声または先生の音読を復唱し、以下の基本文を暗記しましょう。 ◁))179

　1-A) Not drinking alcohol too much makes you healthy.

　　　飲み過ぎないことが健康につながる。

　2-A) Kate is proud of never being absent from school.

　　　ケイトは学校を休んだことがない事を誇りに思っている。

　3-A) I don't like being laughed at without understanding why.

　　　訳も分からず笑われるのが好きではない。

2. 暗記した基本文を参考に [ ] 内の語句を使って、次の文を英語に訳しましょう。 ◁))180

　1-B) 仕事を休まないことは良い結果につながる。　　　　　　　　[absent / lead]

　1-C) 彼と結婚しないことは良い選択だった。　　　　　　　　　[a good choice]

　2-B) 彼は仕事を休まないことを誇りに思っている。　　　　　　[proud of / not]

　2-C) 勇気がないことを恥ずかしく思う。　　　　　　　　　　　[ashamed of]

　3-B) 交通渋滞に捕まるのを避けなければならない。　　　　[catch / a traffic jam]

　3-C) 我々の先生は生徒からたくさん質問されることに慣れている。　　　[used to]

3. 音声または先生のお手本を聞いて、1と2の文を続けて音読しましょう。 ◁))181

KEEP GOING

（　）内の語句を使って、日本語を英語にしてみましょう。

1）アルコールの飲み過ぎはあなたの健康に良くない。　　　　　　　　　　　　　(alcohol)

2）英語で雑誌を読むのが好きではない。　　　　　　　　　　　　　　　　　　(like)

3）私の夢は自分で自分の家を建てることです。　　　　　　　(house / by myself)

4）明日まで会議を開くのを延期するつもりだ。　　　　　　　　　　(a meeting)

5）彼は父親が弁護士であることを誇りに思っている。　　　　　　　(a lawyer)

6）君のカバンを彼が君の部屋まで運んでもいいですか。　　　　　　　(mind)

7）彼はゴルフをするのが得意だ。　　　　　　　　　　　　　　　　　(golf)

8）彼女はもう一度彼に会えることを楽しみにしている。　　　　　　(forward)

9）彼の勇気を讃えずにはいられない。　　　　　　　　　　　　　(admire)

10）学校を休まないのは彼にとって良い事だ。　　　　　　　　　　(absent)

11）交通渋滞に捕まることに慣れている。　　　　　　　　　　　　(catch)

12）私たちの先生は生徒からたくさん質問されることを誇りに思っている。　(proud of)

付録12：数字の読み方 🔊182

数字の基本的な読み方について確認しましょう。

●時刻

①午前4:00　[four a.m. [éɪém] / four o'clock]

②午後3:15　[three fifteen p.m. [píːém] / a quarter past three in the afternoon]

③午前2:45　[two forty-five a.m. / a quarter to three in the morning]

④午後5:30　[five thirty p.m. / half past five in the afternoon]

●大きな数字

⑤ 31,500　[thirty-one thousand, five hundred]

⑥ 24,389,500,605

　[twenty-four billion, three hundred eighty-nine million, five hundred thousand,
　six hundred and five]

●金額

⑦ $200.25　[two hundred dollars and twenty-five cents]

⑧ ¥3,055,000　[three million and fifty-five thousand yen]

●電話番号

⑨ 135-2424, 内線 102　[one three five, two four two four, Extension one oh two]

⑩ 553-1504　[double five three, one five zero four]

●分数

⑪ $\frac{1}{3}$　[one-third]

⑫ $\frac{2}{5}$　[two-fifths]

●小数

⑬ 1.5　[one point five]

⑭ 21.351　[twenty-one point three five one]

★自分で決めた数・時刻・金額・電話番号のいずれか読み方を下線部に書きましょう。書いた
　ものをパートナーに対して読み、相手が正しく答えられるか試してみましょう！

数字　　　　　　　：読み方

1. CHAPTER 11 まとめ（等位接続詞）

● GET READY ●

基本文の確認

1.「語」をつなぐ

　　1-A） When we add 15 and 30, we get 45.

　　2-A） Which do you prefer, planes or trains?

　　3-A） Snowboarding and skiing are dangerous activities.

2.「句」をつなぐ

　　1-A） I will make a robot and help children

　　2-A） Will this character be voiced by him or by her?

　　3-A） She was sleeping but was disturbed by her cat.

3.「節」をつなぐ

　　1-A） Kenji played the guitar, and Peter played the piano.

　　2-A） Are you married, or are you single?

　　3-A） I visited Dr. Smith, but he was too busy

4. 相関的に用いられる等位接続詞

　　1-A） This machine saves not only money but also time.

　　2-A） You can contact me either by phone or by email.

　　3-A） The failure was not his fault but mine.

※分からない箇所があったら、該当ページを読みなおしましょう

● LET'S TRY ●

★教科書を閉じて音声だけで練習してみましょう！

1. 音声を聞き、基本文を復唱しましょう。 ◁)183

2. 日本語を聞き、英語に訳しましょう。 ◁)184

2. CHAPTER 12 まとめ（従位接続詞・副詞節）

● GET READY ●

基本文の確認

１.「時」の従位接続詞

   1 - A) You must be careful when you handle the experimental apparatus.

   2 - A) While I was chatting with my friends online, my computer crashed suddenly.

   3 - A) Go straight this way until you get to a convenience store.

２.「理由」の従位接続詞

   1 - A) I am sleepy because I stayed up late last night.

   2 - A) Since it was very hot yesterday, I didn't want to go out.

   3 - A) Now that I have finished my assignment, I will go to bed.

３.「条件」・「譲歩」の従位接続詞

   1 - A) Call me if you are free.

   2 - A) I will not speak to you unless you apologize.

   3 - A) I really want to buy the bag though it is so expensive.

４. 主な群接続詞

   1 - A) I will text you as soon as I finish this job.

   2 - A) He studied hard so that he could pass the exam.

   3 - A) I don't mind the ticket price as long as the show is moving.

※分からない箇所があったら、該当ページを読みなおしましょう

● LET'S TRY ●

★教科書を閉じて音声だけで練習してみましょう！

１.音声を聞き、基本文を復唱しましょう。 ◁))185

２.日本語を聞き、英語に訳しましょう。 ◁))186

3. CHAPTER 13 まとめ （従位接続詞・名詞節）

基本文の確認

1. 従位接続詞・名詞節の種類

   1-A) I can't believe that he told me a lie.

   2-A) I understand what you are saying.

   3-A) I don't know whether he will come to the party or not.

2. 名詞節の機能①

   1-A) It is a fact that he is innocent.

   2-A) The fact is that we sometimes hide how we feel.

   3-A) It doesn't matter to me whether she will marry or not.

3. 名詞節の機能②

   1-A) He is proud of the fact that his son is a doctor.

   2-A) He asked what time it was.

   3-A) I told him what I really thought.

4. 名詞節と副詞節の比較

   1-A) Whether you like it or not, you must go to the party.

   2-A) If the weather is fine tomorrow, I will go out.

   3-A) I don't know if she likes him.

※分からない箇所があったら、該当ページを読みなおしましょう

● LET'S TRY ●

★教科書を閉じて音声だけで練習してみましょう！

1. 音声を聞き、基本文を復唱しましょう。 🔊187

2. 日本語を聞き、英語に訳しましょう。 🔊188

4. CHAPTER 14 まとめ（動名詞）

基本文の確認

１. 動名詞の基本

1‑A） Drinking every day is harmful for your health.

2‑A） We enjoy jogging in the park.

3‑A） Our business is making shoes.

２. 目的語としての動名詞と意味上の主語

1‑A） We enjoyed talking about the news.

2‑A） We like jogging in the park.

3‑A） There is a high possibility of his passing the exam.

３. 前置詞＋動名詞と慣用表現

1‑A） He left without saying good-bye.

2‑A） We look forward to seeing you soon.

3‑A） I cannot help laughing at him.

４. 動詞の否定・受け身

1‑A） Not drinking alcohol too much makes you healthy.

2‑A） Kate is proud of never being absent from school.

3‑A） I don't like being laughed at without understanding why.

※分からない箇所があったら、該当ページを読みなおしましょう

★教科書を閉じて音声だけで練習してみましょう！

１. 音声を聞き、基本文を復唱しましょう。 ◁)189

２. 日本語を聞き、英語に訳しましょう。 ◁)190

MEMO

CHAPTER 16

Khulan-senpai came dressed as a witch!

分詞・分詞構文

● DIALOGUE ● 🔊191

Kenji, Rina, Yuki, and Andy are talking at the Halloween party in the Global Lounge.

Kenji: Hey, is that guy dressed as a samurai Peter-senpai?

Rina: Yeah, that's Peter-senpai. He is a huge fan of Japanese samurai dramas.

Yuki: Seen from a distance, he looks really cool.

Rina: Well, I think he is always cool...

Andy: Hey, look over there! Do you see that woman in black coming in?

Yuki: Wow, Khulan-senpai came dressed as a witch! How lovely!

Kenji: She looks really attractive dressed like that.

Rina: She's always attractive to you, no matter what she wears, right?

Kenji: Yeah, that's true...

Andy: And, what are you two dressed as?

Yuki & Rina: We are mad scientists in the making!

Kenji: Hahaha, I hope it's just cosplay...

ケンジ：ねえ、あの侍の仮装をしてる人ってピーター先輩かな？

リナ：うん、あれはピーター先輩だね。時代劇の大ファンなんだって。

ユキ：遠くから見ると、本当にかっこよく見えるね。

リナ：いや、ピーター先輩はいつでもかっこいいと思うけどな……。

アンディ：ねえ、あっちを見なよ。黒い服を着た女の人が入ってくるのが見える？

ユキ：わあ、ホラン先輩、魔女の仮装で来たんだ。かわいい！

ケンジ：ああいう格好をしていると本当に素敵だなぁ。

リナ：何を着ていたって、ケンジにとってはいつも素敵なんでしょ。

ケンジ：うん、そうだね……。

アンディ：それで、君たち二人は何の仮装をしているの？

ユキとリナ：私たちは、マッドサイエンティストの卵だよ。

ケンジ：ハハハ、単なるコスプレだといいけど……。

1. 形容詞としての分詞

Hey, is that guy dressed as a samurai Peter-senpai?

●GET READY●

分詞一語で名詞を修飾する場合

①He held a sleeping baby in his arms.　彼は眠っている赤ちゃんを腕に抱いていた。

②The boy was looking for the stolen treasure.　少年は盗まれた宝を探していた。

分詞が二語以上で句になっている場合

③Who is the boy sleeping on the bed?　ベッドで寝ている少年は誰ですか。

怪盗によって盗まれた宝は洞窟の中にあった。

④The treasure stolen by the thief was in the cave.

●LET'S TRY●

1. 音声または先生の音読を復唱し、以下の基本文を暗記しましょう。 ◁))192

1-A) He held a sleeping baby in his arms.　彼は眠っている赤ちゃんを腕に抱いていた。

2-A) The boy was looking for the stolen treasure.　少年は盗まれた宝を探していた。

3-A) The treasure stolen by the thief was in the cave.
　　　　怪盗によって盗まれた宝は洞窟の中にあった。

2. 暗記した基本文を参考に [ ] 内の語句を使って、次の文を英語に訳しましょう。 ◁))193

1-B) 彼は笑っている赤ちゃんを膝の上に抱いていた。　　　　　[laugh / on his lap]

1-C) 彼は泣いている赤ちゃんをおんぶしていた。　　　　[have / cry / on his back]

2-B) その男性は失われた宝を探していた。　　　　　　　　　　　[the man / lose]

2-C) その竜は隠された宝を守っていた。　　　　　[the dragon / protect / hide]

3-B) 友達から送られてきたプレゼントが机の上にあった。

　　　　　　　[the present / send / from my friend / on my desk]

3-C) 何者かに盗まれた私の車が森のなかに乗り捨てられていた。

　　　　　　　　　　　　[my car / the woods / abandon]

3. 音声または先生のお手本を聞いて、1と2の文を続けて音読しましょう。 ◁))194

2. Cになる分詞句

Do you see a woman in black coming in?
Khulan-senpai came dressed as a witch!

● GET READY ●

SVOCの文型を取る動詞 (keep, leave, like, want, findなど)

①He left his brother sleeping in the bed.　彼は弟をベッドで眠らせておいた。

②The boy found his treasure stolen.　少年は宝物が盗まれているのを発見した。

③Do you see a woman in black coming in?　黒い服を着た女性が入ってくるのが見える？

B) 知覚動詞・使役動詞

④The boy heard his name called by someone.　少年は誰かに名前を呼ばれるのを聞いた。

⑤The boy had his treasure stolen.　少年は宝を盗まれてしまった。

C) 自動詞＋分詞

④The boy came running with his dog.　少年が犬と一緒に走ってやってきた。

⑤The baby sat surrounded by his family.　赤ちゃんは家族に囲まれて座っていた。

● LET'S TRY ●

1. 音声または先生の音読を復唱し、以下の基本文を暗記しましょう。🔊195
　1-A) He left his brother sleeping in the bed.　彼は弟をベッドで眠らせておいた。
　2-A) The boy heard his name called by someone.　少年は誰かに名前を呼ばれるのを聞いた。
　3-A) The boy came running with his dog.　少年が犬と一緒に走ってやってきた。

2. 暗記した基本文を参考に [ ]内の語句を使って、次の文を英語に訳しましょう。🔊196
　1-B) 彼は犬が庭で吠えるままにしておいた。　　　　　[his dog / bark / in the garden]
　1-C) 彼はそのドアに鍵がかかっていることに気付いた。　　　　[find / the door / lock]
　2-B) 少女は人ごみのなかで自分の名前が呼ばれているのを聞いた。
　　　　　　　　　　　　　　　　　　　　[the girl / her name / in the crowd]
　2-C) 少年は誰かが建物に入っていくのを見た。[see / someone / go into / the building]
　3-B) 少女たちがおたがいにおしゃべりしながら座っていた。
　　　　　　　　　　　　　　　　　　　　[chat with / each other / sit]
　3-C) その猫は子猫に囲まれて座っていた。　　[the cat / surround / her kittens / by]

3. 音声または先生のお手本を聞いて、1と2の文を続けて音読しましょう。🔊197

3.分詞構文（1）

Seen from a distance, he looks really cool.

分詞の意味上の主語が主節のSと同じ場合

①Remembering his hometown, he felt nostalgic.　故郷のことを思い出し、彼は郷愁を感じた。

　遠くから見ると、彼はちょっと かっこよく見えるね。

②Seen from a distance, he looks a little cool.

分詞の意味上の主語が主節のSと違う場合

　天気がよければ、客は外の庭で食事ができる。

③Weather permitting, guests can dine outside in the garden.

　怪盗に大切な宝を盗まれて、少年は怒った。

④His precious treasure stolen by the thief, the boy got angry.

●LET'S TRY●

1．音声または先生の音読を復唱し、以下の基本文を暗記しましょう。 ◁))198

　1-A）Remembering his hometown, he felt nostalgic.
　　　故郷のことを思い出し、彼は郷愁を感じた。

　2-A）Seen from a distance, he looks cool.　遠くから見ると、彼はかっこよく見えるね。

　3-A）Weather permitting, guests can dine outside in the garden.
　　　天気がよければ、客は外の庭で食事ができる。

2．暗記した基本文を参考に［　］内の語句を使って、次の文を英語に訳しましょう。 ◁))199

　1-B）古い友人と話をして、彼は郷愁を感じた。　　　　　　[talk with / his old friend]

　1-C）好きな選手と話せて、少年は幸せだった。　　　　　[his favorite player / happy]

　2-B）近くで見ると、彼はすこし老けて見える。　　　　　　[see close-up / older]

　2-C）遠くから見ると、彼はジョニー・デップに似ている。　[look like / Johnny Depp]

　3-B）時間が許せば、明日君と野球をするよ。　　　　　[time / permit / play baseball]

　3-C）状況が許せば、君に会いにそこに行きます。

　　　　　　　　　　　　　　　　　　　[there / be / you / meet / circumstances]

3．音声または先生のお手本を聞いて、1と2の文を続けて音読しましょう。 ◁))200

4. 分詞構文（2）

● GET READY ●

分詞句を否定する場合

手がかりが見つからなくて、探偵はイライラしていた。

①The detective was irritated, not having any clues to follow.

きちんと躾けられていないので、その犬はいつもうるさく吠える。

②Not trained properly, the dog always barks noisily.

分詞句の時制を主節よりも前にする場合

宿題を終えてから、少年は古城に出かけた。

③Having finished his homework, the boy went to the old castle.

何世紀にもまえに建てられたので、その城はほとんど廃墟になっていた。

④Built centuries ago, the castle was almost ruined.

● LET'S TRY ●

1. 音声または先生の音読を復唱し、以下の基本文を暗記しましょう。 ◁》201

1 - A） The detective was irritated, not having any clues to follow.
　　　　手がかりが見つからなくて、探偵はイライラしていた。

2 - A） Not trained properly, the dog always barks noisily.
　　　　きちんと躾けられていないので、その犬はいつもうるさく吠える。

3 - A） Having finished his homework, the boy went to the old house.
　　　　宿題を終えてから、少年はその古い家に出かけた。

2. 暗記した基本文を参考に [ ] 内の語句を使って、次の文を英語に訳しましょう。 ◁》202

1 - B） 何をすればいいのか分からず、少年はイライラした。

[the boy / know / what to do]

1 - C） 何を話せばいいか分からず、少年は緊張した。　　　　[say / feel / nervous]

2 - B） 十分に餌を与えられていないので、その犬はいつもうるさく吠える。

[feed / enough]

2 - C） おやつに満足できず、その犬はうるさく吠えた。　　[with / satisfy / the treats]

3 - B） 小さな妹と遊んでから、少年はその古い家に出かけた。

[play / with / his baby sister]

3 - C） 家族と食事をしてから、少年はその古い家に出かけた。

[finish his meal / with / his family]

3. 音声または先生のお手本を聞いて、1と2の文を続けて音読しましょう。 ◁》203

KEEP GOING

（　）内の語句を使って、日本語を英語にしてみましょう。

1）母親は泣いている赤ちゃんを背中に負ぶった。　　　(on her back / the mother / carry)

2）彼は吠えている犬を家の中に入れた。　　　　　　　(get / bark / in his house)

3）代々受け継がれてきた宝石が、この箱の中に入っている。

(from generation / hand down / to generation)

4）昔の友人の写真を見ながら、私は郷愁を感じた。　(of my old friends / the picture / see)

5）近くで見ると、その絵はすこし古く見える。　　　　(see close-up / older)

6）天気が許せば、次の日曜日に私たちはピクニックに行く計画だ。

(go on a picnic / a plan / have)

7）何をすればいいのか分からず、少年は友人に助けを求めた。

(his friend / ask / help / for)

8）友達と遊んだ後に、少年は自分だけの秘密基地にいった。　　(secret base / his own)

9）少年は洞窟の中の石が動かされているのを見つけた。　(move / the stone / in the cave)

10）昔の友人が、私を待ちながら、学校の入り口で座っていた。

(at the entrance / wait / my old friend)

11）彼女はその窓に鍵がかかっているのが分かった。　　(find / the window / lock)

12）その建物は2001年から使われないままの状態だった。　(lie / since / unused)

付録13：千葉工業大学を英語で紹介しよう ◁◇204

以下の「学部」(faculty)、「学科」(department)、学んでいる「専門分野」(major) の英語表記
を参考にして、自分の学科を英語で紹介してみましょう。

●工学部 (Faculty of Engineering)
　・機械工学科 (Department of Mechanical Engineering)
　・機械電子創成工学科
　　(Department of Innovative Mechanical and Electronic Engineering)
　・先端材料工学科 (Department of Advanced Materials Science and Engineering)
　・電気電子工学科 (Department of Electrical and Electronic Engineering)
　・情報通信システム工学科
　　(Department of Information and Communication Systems Engineering)
　・応用化学科 (Department of Applied Chemistry)

●創造工学部 (Faculty of Creative Engineering)
　・建築学科 (Department of Architecture)
　・都市環境工学科 (Department of Civil and Environmental Engineering)
　・デザイン科学科 (Department of Design)

●先進工学部 (Faculty of Advanced Engineering)
　・未来ロボティクス学科 (Department of Advanced Robotics)
　・生命科学科 (Department of Life Science)
　・知能メディア工学科 (Department of Advanced Media)

●情報変革科学部 (Faculty of Innovative Information Science)
　・情報工学科 (Department of Computer Science)
　・認知情報科学科 (Department of Cognitive and Information Sciences)
　・高度応用情報科学科 (Department of Applied Informatics)

●未来変革科学部 (Faculty of Innovative Management Science)
　・デジタル変革科学科 (Department of Digital Transformation)
　・経営デザイン科学科 (Department of Business System Design and Management)

※代表的な専門分野の英語表記例 (必要なものは自分でも調べてみましょう)

mechanical engineering (機械工学)	civil engineering (土木工学)
electronic engineering (電気工学)	landscape engineering (景観工学)
information technology (情報工学)	design (デザイン)
communication technology　　　(コミュニケーション技術)	robotics (ロボット工学)
	life science (生命科学)
materials science (材料工学)	information engineering (情報工学)
organic chemistry (有機化学)	network science (ネットワーク・サイエンス)
electrochemistry (電気化学)	cognitive science (認知科学)
materials chemistry (材料化学)	data science (データ・サイエンス)
applied chemistry (応用化学)	project management
architecture (建築)	(プロジェクト・マネジメント)

CHAPTER 17

It would be nice to ask someone who wants to do it.

不定詞・疑問詞 to do

● DIALOGUE ● 🔊205

Khulan, Yuki, Rina and Andy arc talking in the clubroom.

Khulan: When the next academic year starts in April, I hope some new students will be interested in our club. I want them to know that it is important to join club activities in addition to attending regular classes.

Andy: Do we have any good ideas about how to promote our club?

Rina: How about designing a cool poster to display on the bulletin boards?

Andy: That sounds good. Is there anyone who would like to do it?

Yuki: May I try it? I once designed a logo of Chibany Club as a trial. Hold on. Ah, here it is. What do you think?

Khulan: Wow, that's cool. You are really talented! You are seriously cut out for the job. Thank you for volunteering.

Rina: Hey, don't forget to put a QR code on the poster. That way people can find our club website easily.

Andy: That's a good idea. So, let's do some brainstorming for the poster.

ホラン：来年の4月に新しい年度が始まったら、私たちのクラブに関心を持ってくれる新入生がいたらいいな。彼らには、授業に出るだけじゃなくて、サークル活動に参加することも大事だってことを教えてあげたい。

アンディ：僕たちのクラブを宣伝するのに、何をすればいいだろう？

リナ：掲示板に掲示するためのおしゃれなポスターをデザインするのはどうかな？

アンディ：それはいいね。やってみたい人いる？

ユキ：私、挑戦してみたいな。試しにチバニークラブのロゴをデザインしてみたんだけど。ちょっと待って。あ、あった。どう思う？

ホラン：わぁ、かっこいい。すごい才能だね！　適任だと思う。引き受けてくれてありがとう。

リナ：ねえ、ポスターにQRコードをつけるのを忘れないでね。そうしたら私たちのクラブのウェブサイトを見つけやすいでしょ。

アンディ：いい考えだね。じゃあ、まずみんなでポスターのアイデアを出し合ってみよう。

1.名詞的用法

Hey, don't forget to put a QR code on the poster.

● GET READY ●

Sとしてはたらく

　①To talk with her made him happy.　彼女と話すことが彼を幸せにした。

Cとしてはたらく

　②Your job is to do your homework.　君のやるべきことは宿題をすることだ。

Oとしてはたらく

　③I want to see her again.　私は彼女ともう一度会いたい。

仮主語や仮目的語の it の内容を示す (it ～ to do 構文)

　　　誰かそれをやりたい人にお願いするのがいいですね。
　④It would be nice to ask someone who wants to do it.

　　　男はその女性に話しかけるのが難しいと分かった。
　⑤The man found it difficult to talk to the woman.

● LET'S TRY ●

1．音声または先生の音読を復唱し、以下の基本文を暗記しましょう。 ◀))206
　　1-A）To learn a new language requires time.　新しい言語を学ぶには時間が必要です。
　　2-A）My goal is to become a doctor someday.　私の目標はいつか医者になることです。
　　3-A）What do you like to do in your free time?
　　　　　暇なときには何をして過ごすのが好きですか。

2．暗記した基本文を参考に [ ] 内の語句を使って、次の文を英語に訳しましょう。 ◀))207
　　1-B）新しいプロジェクトを始めるにはお金が必要です。　　[start up a new project]
　　1-C）家を建てるには知識と技術が必要です。　　　　　　　[knowledge and skills]
　　2-B）私の仕事は車を設計することです。　　　　　　　　　　　　[design / cars]
　　2-C）私の目標は留学することです。　　　　　　　　　[goal / study abroad]
　　3-B）朝ご飯には何を食べたいですか。　　　　　　　　　[want / for breakfast]
　　3-C）パーティーでは何を着たいですか。　　　　　　　　　[wear / at the party]

3．音声または先生のお手本を聞いて、1と2の文を続けて音読しましょう。 ◀))208

2.形容詞的用法・副詞的用法

How about designing a cool poster to display on the bulletin boards?

● GET READY ●

形容詞的用法

掲示板に掲示するためのおしゃれなポスターをデザインするのはどうかな。

① How about designing a cool poster to display on the bulletin board?

② Children need somebody to love them.　子供には愛してくれる誰かが必要だ。

副詞的用法

私たちに連絡を取るためにポスターにQRコードを載せるのを忘れないようにね。(目的)

③ Don't forget to put a QR code on the poster to contact us.

④ Lucy grew up to become a doctor.　ルーシーは成長して医者になった。(結果)

この問題を解くなんて彼は天才に違いない。(根拠)

⑤ He must be a genius to solve this problem.

● LET'S TRY ●

1．音声または先生の音読を復唱し、以下の基本文を暗記しましょう。 🔊209

　1-A）We need a place to stay for the night.　私たちには一晩泊まる場所が必要だ。

　2-A）Joe left the house to catch the first train.　ジョーは始発に間に合うように家を出た。

　3-A）I was foolish to lend my bike to him.　彼に自転車を貸すなんて私は愚かでした。

2．暗記した基本文を参考に [　] 内の語句を使って、次の文を英語に訳しましょう。 🔊210

　1-B）彼には話し相手が必要だ。　　　　　　　　　　　　　　　　　[someone]

　1-C）ランナーたちは飲み水を必要としていた。　　　　　　　　　[the runners]

　2-B）彼女は健康を維持するために定期的に運動をしている。

　　　　　　　　　　　　　　　　　　　　[exercise regularly / stay healthy]

　2-C）彼らは新しい車を買うためにお金を貯めた。　　　　　　　[save / money]

　3-B）彼は寛大にも私にお金を貸してくれた。　　　　　　　　　[generous]

　3-C）ケンジは辛抱強く1時間待った。　　　　　　　　　　　　　[patient]

3．音声または先生のお手本を聞いて、1と2の文を続けて音読しましょう。 🔊211

3. 疑問詞 to do / whether to do

Do we have any good ideas about how to promote our club? .

● GET READY ●

私たちのところに彼らを勧誘するために、何をすればよいか、いい考えはありますか？

① Do you have any good ideas about what to do to attract them to us?

② The problem is when to start the project.　問題は、そのプロジェクトをいつはじめるかだ。

③ Do you know where to buy the tickets?　どこでチケットを買えばよいか知っていますか。

④ He worried about how to raise the money.　彼はお金をどう調達するか悩んだ。

⑤ I can't decide whether to accept his offer.　私は彼の提案を受け入れるべきか決心がつかない。

● LET'S TRY ●

1．音声または先生の音読を復唱し、以下の基本文を暗記しましょう。 🔊212

　1－A）What to do is completely up to you.　何をするかは完全にあなた次第です。

　2－A）The problem is what to wear to the party.　問題はパーティーに何を着て行くかだ。

　3－A）Andy needed to decide what to eat for his lunch.

　　　　アンディはお昼に何を食べるか決めなくてはならなかった。

2．暗記した基本文を参考に［　］内の語句を使って、次の文を英語に訳しましょう。 🔊213

　1－B）学園祭で何をするかはまだ決まっていません。　　　［school festival / not decided］

　1－C）新しいプロジェクトをいつ始めるかはまだ決まっていません。

　　　　　　　　　　　　　　　　　　　　　　　　　　　　　［start the new project］

　2－B）問題はどこで会議を開くかだ。　　　　　　　　　　　［hold a meeting］

　2－C）問題は誰に相談すればよいかだ。　　　　　　　　　　　　　［consult］

　3－B）彼らはその問題にどう取り組むか話し合った。　　［discuss / tackle the problem］

　3－C）ホランはなぜそのオプションを選ぶべきかを説明した。

　　　　　　　　　　　　　　　　　　　　　　　　　［explain / choose that option］

3．音声または先生のお手本を聞いて、1と2の文を続けて音読しましょう。 🔊214

4. Cになる不定詞

I want them to know that it is important to join club activities in addition to attending regular classes.

●GET READY●

SVCのCになる不定詞 (Vは自動詞 [seem, appear, come, happenなど])

①He seems to know me.　彼はわたしを知っているようだ。

私はこの機械がどう動くか理解できるようになった。
②I came to understand how this machine works.

SVOCのCになる不定詞

③I want him to teach my son math.　私は彼に息子に数学を教えてほしい。

④Judy's father allowed her to study abroad.　ジュディの父は彼女が留学することを許した。

知覚動詞や使役動詞と一緒に原形不定詞が使われることもある

あなたは上手に絵を描くと誰かが言うのを聞いたことがあります。
⑤I heard someone say that you draw very well.

⑥He had the dentist check his teeth.　彼は歯科医に歯を診てもらった。

●LET'S TRY●

1．音声または先生の音読を復唱し、以下の基本文を暗記しましょう。 ◁》215

　1-A）The man seemed to know the story.　男性はこの話を知っているようだった。

　2-A）My mother wanted me to go shopping.　母は私に買い物に行ってほしかった。

　3-A）We saw a man walk across the road.　私たちは男性が道路を歩いて横断するのを見た。

2．暗記した基本文を参考に [　] 内の語句を使って、次の文を英語に訳しましょう。 ◁》216

　1-B）ユキは友達を待っているようだった。　　　　　　　　　[wait for / her friend]

　1-C）ジョンは母親の気持ちを理解していないようだった。

　　　　　　　　　　　　　　　　　　　　　　　　　[John / his mother's feelings]

　2-B）私の上司は私に明日レポートを提出するように頼んだ。　[ask / submit the report]

　2-C）私の両親は私に一生懸命勉強することを期待している。　　　　　　　　[expect]

　3-B）私は彼が建物を出るのを見た。　　　　　　　　　　　[leave / the building]

　3-C）彼女は太陽が海の向こうに沈むのを見た。　　　　　　[set / over the ocean]

3．音声または先生のお手本を聞いて、1と2の文を続けて音読しましょう。 ◁》217

KEEP GOING

( ) 内の語句を使って、日本語を英語にしてみましょう。

1) 私の目標はいつか医者になることです。 (goal)

2) 世界を旅することが私の夢です。 (travel around the world)

3) 朝早く始めるのは良いアイデアです。 (start early)

4) 仕事を辞めるという彼女の決断には誰もが驚きました。 (surprise / everyone)

5) あなたの文章力を向上させる最善の方法は毎日練習することです。
(improve / your writing skills)

6) 彼女こそがこの問題について話すべき人物だ。 (the person / talk to / about this issue)

7) 彼らはリラックスするためにビーチに行った。 (relax)

8) この問題を解決するには、私たちは協力する必要があります。 (work together)

9) いつ新しい仕事を探し始めるか、考えはありますか。 (any idea / look for a new job)

10) 仕事で成功する方法を知りたいです。 (how / succeed in my job)

11) 私たちは数カ月の後に互いをよく知るようになった。
(know each other well / after a few mouths)

12) ジェインは父親に車を買ってくれるように頼んだ。 (Jane / ask)

付録14：small talk に挑戦しよう（挨拶・天気の話） 🔊218

　英語のsmall talkとは、雑談や世間話のことです。無難な話題で相手との距離を縮めることで、その後のコミュニケーションを円滑にする効果があり、特にビジネス英語では必須のコミュニケーションスキルの一つであると言われています。雑談を通じて緊張を解くことが目的ですので、「プライベートな話題」「政治」「宗教」「スポーツ」等、相手の気分を害したり互いの意見が対立したりしてしまう可能性があるトピックではなく、「天気や気温」などの無難なトピックが好まれます。

　このページでは、最初のHelloに続く挨拶と、天気・気温について話す時の表現を紹介します。グローバルラウンジのレッスン等で積極的に使ってみましょう。

●挨拶

How are you doing today?　今日の調子はどうですか。

How have you been lately?　最近、調子はどうですか？

— Not so bad. How are you doing?　元気です。あなたはどうですか。

— I'm doing good. Thanks.　元気です。ありがとう。

— Couldn't be better.　絶好調です。

— Can't complain.　まあまあです。

— Well, I'm surviving somehow.　まあ、なんとか生きています。

●天気

What a lovely day today!　なんて良いお天気でしょう！

It's a wonderful day. Not a cloud in the sky.　快晴ですね。雲一つありません。

Gloomy weather, isn't it?　どんよりしたお天気ですね。

The weather is unsettled today.　今日ははっきりしないお天気ですね。

It's pouring outside.　外は土砂降りですね。

Have you brought an umbrella?　傘を持ってきましたか。

It looks like it's going to snow.　雪が降りそうですね。

●気温

It's getting hot lately, isn't it?　最近暑くなってきましたね。

It's melting hot.　溶けそうに暑いですね。

I can't bear this heat.　この暑さには耐えられません。

It's a bit chilly this morning.　今朝は少し肌寒いですね。

It's freezing today, isn't it?　今日は凍えるような寒さですね。

I should have worn something warmer.　もっと温かい服を着てきたらよかった。

It's warm today. Spring is in the air.　今日は暖かくて、春の気配を感じます。

CHAPTER 18

Friday is always the day when I really feel worn-out.

関係詞

● DIALOGUE ● ◁))219

Andy and Kenji are walking down the hall after class.

Andy: Hey, Kenji. How about a movie tonight?

Kenji: Are you kidding? I have to study. I have final exams coming up next week!

Andy: I know, but it's Friday. You still have this weekend to study. I have two tickets for a movie which you might be interested in.

Kenji: Really? What is the title? What is it about?

Andy: The title is *The Spy Whose Wife Is a Minister*. It is an action movie which is set in Tokyo. It is about a spy who is on a mission to get back state secret documents stolen from the Ministry of Defense.

Kenji: Wow, it sounds interesting. But I really need to study. Don't you need to study too?

Andy: Yeah, of course, but the film will end its run this weekend. And Friday is always the day when I really feel worn-out. I need a break at the end of the week.

Kenji: You have a point. I'm really tired too.

Andy: So how about it?

Kenji: Well, why not? And maybe we could meet at the library tomorrow and study together.

Andy: Yeah, great idea!

アンディ：おい、ケンジ。今夜、映画なんかどう?

ケンジ：冗談だろ?　僕、勉強しなくちゃいけないんだ。来週から期末試験が始まるんだ。

アンディ：そうだけどさ、今日は金曜日だよ。勉強は週末があるじゃない。君が興味を持ちそ
　　うな映画のチケットが二枚あるんだけどな。

ケンジ：本当に?　なんていう映画?　どういう内容の映画?

アンディ：映画のタイトルは『スパイの奥さまは大臣』っていうんだ。東京が舞台のアクション
　　ものの映画だよ。防衛省から盗まれた国家機密の文書を取り戻す任務を遂行するスパイの話
　　だよ。

ケンジ：うわあ、面白そうだな。でも、マジで勉強もしなくちゃならないしな。君も勉強しなく
　　ていいの?

アンディ：いやあ、もちろん勉強しなくちゃいけないんだけど、今週末に上映が終わっちゃう
　　んだ。それに、金曜日っていつも一番疲れがたまっている日でもあるし。僕は週の終わりに
　　は一休みする必要があるんだ。

ケンジ：確かにそうだよね。僕も本当に疲れちゃったよ。

アンディ：じゃあ、どう?

ケンジ：そうだなあ、やっぱり
　　行こうかな。そして、明日は
　　図書館で待ち合わせして、一
　　緒に勉強することも出来るか
　　もね。

アンディ：そうだね、それはい
　　い考えだね!

1. 関係詞（1）関係代名詞（主格）

It is an action movie which is set in Tokyo.

● GET READY ●

主格

①The girl who is wearing a blue dress is my niece.　青いドレスを着ている少女は私の姪です。

[The girl is my niece. + She is wearing a blue dress.]

その家族は丘の上に立っている大きな家に住んでいます。

②The family lives in a large house which sits on a hill.

[The family lives in a large house. + It sits on a hill.]

● LET'S TRY ●

1．読み上げられる二つの文を（　）内の関係代名詞を用いてつなぎましょう。　◁))220

1-A）I need a guide. He speaks French.　(who)

2-A）The family lives in a large house. It sits on a hill.　(which)

3-A）The girl is my niece. She is wearing a blue dress.　(who)

2．「1」の英文を参考に［　］内の語句を使って、次の文を英語に訳しましょう。　◁))221

1-B）私はフランス語を話すベビーシッターを必要としています。　　　　　[a babysitter]

1-C）彼女は英語を話す医者を必要としています。　　　　　[a doctor / English]

2-B）その家族は川辺に立つ小さな小屋に住んでいる。　[a small cabin / by the river]

2-C）その家族は東京駅を発つ電車に乗った。

[take / the train / start / from Tokyo Station]

3-B）青い帽子をかぶっている少年は私の息子です。

[the boy / wear / a blue hat / my son]

3-C）サンタクロースを信じている子供たちはクリスマスを心待ちにした。

[the children / believe in / look forward to]

3．音声または先生のお手本を聞いて、1と2の文を続けて音読しましょう。　◁))222

2. 関係詞（2）関係代名詞（目的格）

● GET READY ●

目的格

　　私は昨日図書館で会った男性を知らない。

　①I don't know the man *whom* I met in the library yesterday.

　　［I don't know the man. + I met *him* in the library yesterday.］

　②This is the song *which* my mother likes very much.　これは私の母が大好きな歌です。

　　［This is the song. + My mother likes *it* very much］

☺TIP 目的格の関係代名詞は省略できる

　I don't know the person I met in the library.

　This is the song my mother likes very much.

● LET'S TRY ●

1. 読み上げられる二つの文を（　）内の関係代名詞を用いてつなぎましょう。 ◁))223

　　1-A） I don't know the man. I met him in the library yesterday.   （whom）

　　2-A） This is the song. My mother likes it very much.   （which）

　　3-A） The woman lives next door. I saw her at the supermarket yesterday.   （whom）

2. 「1」の英文を参考に［　］内の語句を使って、次の文を英語に訳しましょう。 ◁))224

　　1-B） 私は昨日パーティーで会った男性を知っている。　　　　　　［at the party］

　　1-C） 彼は昨年パリで出会った女性を忘れることが出来なかった。

　　　　　　　　　　　　　　　　　　　　　　　　　　　［forget / in Paris / last year］

　　2-B） これは私の妹が大好きな小説です。　　　　　　［the novel / my sister］

　　2-C） これが私の夫が毎日使っているコンピュータです。

　　　　　　　　　　　　　　　　　　　　　　[the computer / use / every day]

　　3-B） あなたが昨日駅で見た男性は私の上司です。　[the man / at the station / my boss]

　　3-C） 彼女が夕食会に招いた客達は彼女の旧友だった。

　　　　　　　　　　　　　　　　　　　　　[the guests / invite / to her dinner party]

3. 音声または先生のお手本を聞いて、1と2の文を続けて音読しましょう。 ◁))225

3. 関係詞（3）関係代名詞（所有格・前置詞＋関係代名詞・what）

I have two tickets for a movie which you might be interested in.

● GET READY ●

所有格

①Tim has a friend *whose wife* is a singer.　ティムにはその妻が歌手の友人がいる。

[Tim has a friend. + *His wife* is a singer.]

前置詞＋関係代名詞

彼はスーがファンレターを送った野球選手です。

②He is the baseball player *to whom* Sue sent a fan letter.

He is the baseball player *whom* Sue sent a fan letter *to*.

[He is the baseball player. + Sue sent a fan letter *to him*.]

what

③We must do *what* we can do today.　私たちは今日やれることをやるべきだ。

[We must do the thing. + We can do *it* today.]

● LET'S TRY ●

1. 読み上げられる二つの文を（　）内の関係代名詞を用いてつなぎましょう。◀))226

　1-A) I know a man. His wife is a famous singer.　（whose）

　2-A) She is a friend. I often go shopping with her.　（whom）

　3-A) I couldn't remember the thing. I wrote it in my last letter.　（what）

2. 「1」の英文を参考に［　］内の語句を使って、次の文を英語に訳しましょう。◀))227

　1-B) 私はその母親が有名な俳優である少女を知っている。

　　　　　　　　　　　　　　　　　　　　　　［a girl / mother / a famous actor]

　1-C) 教室は英語を母語としない学生で一杯だった。　　　［full of / native language]

　2-B) これは彼が最初の小説を書いたペンだ。　　［this / with / write / his first novel]

　2-C) あれが昨日私が話していた少女だ。　　　　　　　　［that / speak / about]

　3-B) 私は彼女が10年前に私に話してくれたことをまだ覚えている。　［still / tell / ago]

　3-C) 私は彼女が彼について言ったことが信じられなかった。

　　　　　　　　　　　　　　　　　　　　　　　　　［believe / say / about / him]

3. 音声または先生のお手本を聞いて、1と2の文を続けて音読しましょう。◀))228

4. 関係詞（4）関係副詞

Friday is always the day when I really feel worn-out.

●GET READY●

私の祖母がかつて住んでいた家はとても大きかった。 ［場所］

①The house where my grandmother used to live was very big.

　(=The house in which my grandmother used to live was very big.)

金曜日はいつも私がクタクタの日です。 ［時］

②Friday is always the day [when] I really feel worn out.

　(=Friday is always the day on which I really feel worn out.)

彼は私に期末試験を休んだ理由を教えてくれなかった。 ［理由］

③He didn't tell me [the reason] why he was absent from the final exam.

　(=He didn't tell me the reason for which he was absent from the final exam.)

このようにして、私は昨夜あのパブから家に戻ってきた。 ［方法］

④This is how I came home from that pub last night.

　This is the way I came home from that pub last night.

😊TIP〉

・先行詞がthe place の場合はwhereはしばしば省略される。

・先行詞がtime / day / week / yearの場合などはwhenはしばしば省略される。

・"the way how 〜"という形は用いない。

● LET'S TRY ●

1. 読み上げられる二つの文を（　）内の関係副詞を用いてつなぎましょう。 🔊)229

　1-A) The house was very big. My grandmother used to live there. (where)

　2-A) Wednesday is the day. I am off on that day. (when)

　3-A) I don't know the reason. She left town for that reason. (why)

2. 「1」の英文を参考に [　] 内の語句を使って、次の文を英語に訳しましょう。 🔊)230

　1-B) 私が生まれた家はとても小さかった。　　　　　　　　[I / be born / very small]

　1-C) 彼が生まれた村は小さな港町に近かった。　　[the village / a small port town]

　2-B) 四月は新学期が始まる月です。　　[April / the month / the new term / begin]

　2-C) 2010年は彼が初めてニューヨークに行った年です。

　　　　　　　　　　　　　　　　　　　　　　　[the year / first /go / to New York]

　3-B) 私たちには彼が学校を去った理由が分かりません。　　　[he / the school]

　3-C) 彼は彼女がこの村にやってきた理由を知っていた。 [know / come / to this town]

3. 音声または先生のお手本を聞いて、1と2の文を続けて音読しましょう。 🔊)231

KEEP GOING

（　）内の語句を使って、日本語を英語にしてみましょう。

1）彼女は評判の良い弁護士を必要としている。　　（need / a lawyer / a good reputation）

2）あれは18世紀に出版された本です。　　　　　　（publish / the 18th century）

3）私にインタビューした男性はジャーナリストだった。　　（interview / a journalist）

4）彼女は通訳として雇った男性を知っていました。　　　（hire / her interpreter）

5）あなたは本当に必要でない服は買うべきではありません。　　（clothes / really / need）

6）私の兄が最も尊敬する人物はモハメド・アリです。

（respect / the most / Muhammad Ali）

7）昨夜読んだ本の著者は多くの賞を受賞している。

（the author / win / many prizes）

8）彼女がパーティで話した男性は有名な野球選手であることが判明した。

（talk / to / turn out to be / famous）

9）私はその手紙に書かれていたことを信じることができなかった。　　　　　（believe）

10）母がワクチン接種を受けたクリニックは銀座にあります。（the clinic / get the vaccine）

11）私の妹は竜巻が私たちの村を襲った日に生まれました。　　（a hurricane / hit / village）

12）昨日の会議に出席できなかった理由を説明させてください。（let / me / explain / attend）

付録15：理系の英語表現 🔊232

●計算式

① $5-5\times3=-10$ ➡ five minus five times three equals negative ten.

② $3+12\div4=6$ ➡ three plus twelve divided by four equals six.

③ $\sqrt[n]{x}<a^n$ ➡ nth root of x is less than a to the nth power.

④ $\dfrac{a^2}{a^3}\geqq\dfrac{\sqrt{x}}{\sqrt[3]{x}}$ ➡ a squared over a cubed is greater than or equal to the square root of x over the cube root of x

⑤ $(x^2-2)^{\frac{1}{3}}=y^{\frac{1}{a}}$ ➡ x squared minus two, to the one third power equals y to the power one over a

⑥ $x[\{a-b(2+c)\}-d]=y$ ➡ x open bracket open brace a minus b open parenthesis two plus c close parenthesis close brace minus d close blacket equals y

＊マイナス記号は引算の場合はminus、負数を表す場合はnegativeを使います。
＊「×」はtimes、「÷」はdividedになります。
＊累乗は 〜 to the nth powerですが、2乗、3乗の場合はsquared、cubedになります。
＊根号はthe nth root of 〜 ですが、平方根はthe square root of 〜、立方根はthe cube root of 〜 を使います。
＊分数を記号で表現する場合、分子 over 分母 と表現します。
＊不等号は「より大きい」、「より小さい」は is greater than、is less thanと表現します。「以上」、「以下」とする場合はそれぞれに or equal toを加えます。
＊［ ］はbracket、｛ ｝はbrace、（ ）はparenthesisで、開き括弧はopen 〜 、閉じ括弧はclose 〜 と表現します。

●図形

平面図形 (plane shapes)			
丸	circle	平行四辺形	parallelogram
楕円	oval	台形	trapezoid
三角形	triangle	角・頂点	angle, vertex
正三角形	equilateral triangle	辺	side
正方形	square	面	plane
長方形	rectangle	直角	right angle
ひし形	diamond	45度の角	an angle of 45 degrees

A square has four sides and four angles.　正方形には四つの辺と角があります。

What is the size of this angle?　その角の大きさは何度ですか。

立体図形 (solid shapes)			
球	sphere	高さ	height
立方体	cube	幅	width
角柱	prism	奥行	depth
円柱	cylinder	面	face
角錐	pyramid	辺	edge
正四角錐	square pyramid	頂点	vertex
円錐	cone		

A square pyramid has five faces and eight edges.　正四角錐には五つの面と八つの辺があります。

CHAPTER 19

What if you could live anywhere in the world?

仮定法

● DIALOGUE ● ◁))233

Members of Chibany Club are having a chat under the Christmas tree.

Rina: Hey, have you ever imagined yourself living somewhere outside Japan?

Yuki: Sure, but what makes you think about it now?

Rina: Well, I have been thinking about it for some time.

Yuki: I have been thinking about it, too. I've actually always dreamed of living in the States.

Peter: If you were going to live in the States, which city would you choose?

Yuki: I would definitely choose New York! I've always wanted to see that big Christmas tree in Manhattan! I wish we were all there now!

Rina: If I were to live somewhere outside Japan, I would probably pick somewhere nice and warm, like Hawaii, or Jamaica! I don't like cold places!

Khulan: When I was little, I also thought it would be nice if I were to live in some other place. And here I am!

Yuki: So you made your dream come true! I am jealous! Kenji, how about you?

Kenji: Well, I used to be satisfied with my life, just living in Chiba. But I feel different now. I am beginning to think that I want to see the world.

Andy: Wow, you sound like you have really changed your thinking of the world.

Kenji: Yeah, I know. I think this is because I met you guys! I realized that I live in such a small world. I now want to go to places I've never been to and meet new people there. And Khulan-senpai, I really want to visit your country someday. And yours too, Peter-senpai.

Andy: Me too!

Yuki: Then, let's plan a club trip to Mongolia or Taiwan next spring vacation!

リナ：あのさ、自分が日本以外の場所で暮らすところを想像することってない？

ユキ：もちろん、あるよ。なぜ今そのことを考えているの？

リナ：まあ、このところずっと考えていたんだよね。

ユキ：実は、私も同じこと考えてた。実はずっとアメリカに住むことが夢だったんだ。

ピーター：もしアメリカに住むとしたら、どの都市がいい？

ユキ：絶対ニューヨーク！　マンハッタンにある大きなクリスマスツリーを見てみたいってずっと思ってて！　今みんなでそこにいたらなあ！

リナ：私が日本以外の場所で暮らすなら、どこか暖かいところがいいなあ、ハワイとかジャマイカとか！　寒い場所は嫌だし。

ホラン：私も小さいとき、どこか違う場所で暮らせたらいいだろうなって、考えていたわ。そして、今、私はここにいるってわけ。

ユキ：つまり、夢を実現させたってわけですね！　いいなー。ケンジ、あなたはどうなの？

ケンジ：まあ、僕は自分の今の生活、千葉に暮らしていること、にずっと満足していたんだ。でも、今では気持ちに変化があって。世界を見てみたいと思うようになってきたんだ。

アンディ：へえ！　世界の見方が変わってきた感じだね。

ケンジ：そうなんだ。それはきっと君たちとの出会いがあったからだと思うんだ！　僕は小さい世界に住んでるなあ、と思って。今では行ったことのない場所に行って、そこに暮らす人たちに会いたいんだ。そしてホラン先輩、いつか先輩の国に行ってみたいと思います。そして、ピーター先輩の国にも。

アンディ：僕も行きたい！

ユキ：じゃあ、次の春休みにモンゴルか台湾にクラブ旅行を計画しようよ！

1. 仮定法過去

基本の形

①If I were a cat, I could sleep all day long.　猫だったら、一日中寝ていられるのに。

　英語が話せたら、留学しますか？

②If you could speak English, would you go abroad to study?

Ifのない仮定法

　猫だったら、英語を勉強しないですむのに。

③Were I a cat, there would be no need to study English.

④Yuki wouldn't say that.　ユキならそんなこと言わないのに。

１. 音声または先生の音読を復唱し、以下の基本文を暗記しましょう。 🔊234

　1−A) If I were a cat, I could sleep all day long.　猫だったら、一日中寝ていられるのに。

　2−A) If you could speak English, would you go abroad to study?
　　　　英語が話せたら、留学しますか？

　3−A) Yuki wouldn't say that.　ユキならそんなこと言わないのに。

２. 暗記した基本文を参考に [　] 内の語句を使って、次の文を英語に訳しましょう。 🔊235

　1−B) 鳥だったら、空が飛べるのに。　　　　　　　　　　　　　　[fly / a bird]

　1−C) お金持ちだったら、もっとゲームも買えるのに。

　　　　　　　　　　　　　　　　　　　　[rich / more games / buy / could]

　2−B) 英語が話せたら、彼女に話しかけたのに。　　　　[to / her / talk]

　2−C) 料理がうまかったら、和食をごちそうできるのに。

　　　　　　　　　　　　[cooking / be good at / make / a Japanese meal / you]

　3−B) ピーター先輩なら違った風に考えるよね。　　[differently / think / Peter-senpai]

　3−C) 慎重な人間なら、そんなミスはしないのに。

　　　　　　　　　　　　　　[make / a careful person / such a mistake]

３. 音声または先生のお手本を聞いて、１と２の文を続けて音読しましょう。 🔊236

2. 仮定法過去完了

● GET READY ●

基本の形

　　もう少し起きていたら、そのシーンを見逃すこともなかったのに。

①If I had stayed awake a little longer, I would not have missed the scene.

　　英語を話せていたら、旅行ももっと楽しかっただろうなあ。

②If I could have spoken English, my trip would have been more fun.

時制がずれている仮定法

　　あのときホランが僕に話しかけてくれていなかったら、今チバニークラブにいないよ。

③If Khulan hadn't talked to me then, I would not be in the Chibany Club now.

Ifのない仮定法

④Khulan could have done it much better.　ホランならもっとうまくできただろうに。

● LET'S TRY ●

1. 音声または先生の音読を復唱し、以下の基本文を暗記しましょう。　🔊)237

　1-A) If I had stayed awake a little longer, I would not have missed the scene.
　　　　もう少し起きていたら、そのシーンを見逃すこともなかったのに。

　2-A) If Khulan hadn't talked to me then, I would not be in the Chibany Club now.
　　　　あのときホランが僕に話しかけてくれていなかったら、今チバニークラブにいないよ。

　3-A) Khulan could have done it much better.　ホランならもっとうまくできただろうに。

2. 暗記した基本文を参考に [　] 内の語句を使って、次の文を英語に訳しましょう。🔊)238

　1-B) もう少し先まで行っていたら、とてもいい景色を見れたのに。
　　　　　　　　　　　　　　[a little further / get / keep going / a magnificent view]

　1-C) もっと早く言ってくれていたら、君の勉強を手伝うことできたのに。
　　　　　　　　　　　[a little earlier / tell me / with your school work / help / could]

　2-B) あのとききみが助けてくれなければ、今頃ここにはいないよ。
　　　　　　　　　　　　　　　　　　　　　　　　　　[me / save / here / now]

　2-C) ユキがあのときノートを見せてくれていなかったら、今頃ここにはいないよ。
　　　　　　　　　　　　　　　　　　　　　　　　[her notebook / me / show]

　3-B) アンディだったら彼女に話しかけていたよ。　　　　　　[to / talk]

　3-C) きみならテストに合格できていただろうね。　　　　[the test / pass / could]

3. 音声または先生のお手本を聞いて、1と2の文を続けて音読しましょう。🔊)239

3.仮定法未来

It would be nice if I were to live in some other place.

●GET READY●

If S were to do, ...

日本が沈没したって、アンディはそのゲームをやめないよ。

①Even if Japan were to sink under water, Andy wouldn't stop playing the game.

万一専攻を変えるとしたら、何を勉強したい？

②If you were to change your major, what would you want to study?

If S should do, ...

万一明日雨が降ったら、部屋にいるよ。

③If it should rain tomorrow, I would stay in my room.

仮に明日雨になるようなことがあったら、電話するよ。

④If it should rain tomorrow, I will call you.

●LET'S TRY●

1. 音声または先生の音読を復唱し、以下の基本文を暗記しましょう。 ◁))240

   1-A) Even if Japan were to sink under water, Andy wouldn't stop playing the game.
   日本が沈没したって、アンディはそのゲームをやめないよ。

   2-A) If you were to change your major, what would you want to study?
   万一専攻を変えるとしたら、何を勉強したい？

   3-A) If it should rain tomorrow, I would stay in my room.
   万一明日雨が降ったら、部屋にいるよ。

2. 暗記した基本文を参考に[ ]内の語句を使って、次の文を英語に訳しましょう。 ◁))241

   1-B) 富士山が噴火しても、ケンジはそのアニメ映画を観るのをやめないだろう。
   [Mt. Fuji / watch / erupt / the anime movie]

   1-C) 地球が爆発したって、あいつは好きなことをやり続けるだろう。
   [what he loves / continue / blow up / the earth / do]

   2-B) 万一このテストに落ちたら、どうする？　　　　　[do / the test / fail]

   2-C) 万一きみが明日までに正解を見つけることができたら、一生恩に着るよ。
   [by tomorrow / the answer / find / be forever in your debt]

   3-B) 仮に終電に間に合わなかったら、電話するよ。　　[the last train / miss / call you]

   3-C) もしインフルエンザの兆候が少しでも表れたら、家にいてください。
   [any signs of / show / stay home / influenza]

3. 音声または先生のお手本を聞いて、1と2の文を続けて音読しましょう。 ◁))242

4. イディオム

I wish we were all there now!

●GET READY●

I wish 仮定法

①I wish I were there.　そこにいることができたらなあ。

as if（though）仮定法

②You talk as if you were Yuki.　まるでユキみたいな言い方をするね。

if it were not for A, if it had not been for A, without A

ユキが手伝ってくれなければ、あの授業の単位を落としていたよ。

③If it had not been for Yuki's help, I would have failed the class.

What if 仮定法過去

世界でどこにでも住めるとしたら、どうする？

④What if you could live anywhere in the world?

●LET'S TRY●

1. 音声または先生の音読を復唱し、以下の基本文を暗記しましょう。 ◁)243

　1-A）I wish I were there.　そこにいることができたらなあ。

　2-A）You talk as if you were Yuki.　まるでユキみたいな言い方をするね。

　3-A）If it had not been for Yuki's help, I would have failed the class.
　　　　ユキが手伝ってくれなければ、あの授業の単位を落としていたよ。

2. 暗記した基本文を参考に [ ] 内の語句を使って、次の文を英語に訳しましょう。 ◁)244

　1-B）楽器が弾けたらよかったな。　　　　　　　　　　　[a musical instrument / play]

　1-C）この映画の元になった小説を読んでおけばよかった。

　　　　　　　　　　　　　　　　[the novel / read / this movie is based on]

　2-B）アンディは時々、おじいさんみたいな話し方をする。　　[sometimes / an old man]

　2-C）ピーターの英語はまるでネイティブ・スピーカーのようだ。

　　　　　　　　　　　　　　　　　　　　　　[a native speaker / speak]

　3-B）鉄道の事故がなかったら、授業に遅刻することもなかったのに。

　　　　　　　　　　　　　　　　[the railway accident / be late for class]

　3-C）もしアニメがなかったら、僕の人生は違ったものだっただろう。

　　　　　　　　　　　　　　　　　　　　　[different / my life / anime]

3. 音声または先生のお手本を聞いて、1と2の文を続けて音読しましょう。 ◁)245

KEEP GOING

（　）内の語句を使って、日本語を英語にしてみましょう。

1）もし君が動物だとしたら、どんな動物がいい？

(which animal / an animal / want / be / do)

2）お金がいっぱいあれば、世界中を旅してまわるのに。(a lot of / all over the world / travel)

3）本当の友達だったら、ぼくにスミス先生の授業のノートを見せてくれるはずさ。

(show / his lesson notebook / me / a true friend / Dr. Smith's class / from)

4）もう少し早く起きていたら、きれいな景色を見ることができたのに。

(a little earlier / get up / a great view / enjoy)

5）昨日遅くまでゲームをしていなければ、もっと頭も働くのに。

(play a game / my brain / till late at night / much better / be working)

6）ピーターだったら、あの時彼女になんて言っていたかな。　　　　　　(say / what)

7）もし明日地球が消滅するとしたら、誰と一緒にいたい？

(disappear / tomorrow / who / the earth / to be with / want)

8）もし宝くじが当たったら、そのお金で買い物をしまくるんだ。

(win the lottery / go on a shopping spree / with the money)

9）生まれ変わることができたら、なにになりたい。(what / be born again / to be / want)

10) 学生のうちに、アメリカに留学しておけばよかったな。

(while / the United States / in / study / a student)

11) ホランは何事もなかったかのように部室を出た。

(nothing / the clubroom / leave / happen)

12) 神様が「異世界」に行く能力をくれたら、君は行くかい？

(to travel to "another world" / God / the ability / you / give / go)

付録16：パターンプラクティス以外の英語勉強法

　「この教科書の使い方」にあるように、パターンプラクティスの最終的な目的は、パターンを反復することで、背景にある文法事項をパターンごと記憶にしみ込ませることです。そうすることで、英語に接したときに覚えたパターンが自動的に反応するようになります。今回はこの「自動化」を目的とした別の勉強方法、多読とシャドウィングを紹介します。目的が同じであるため、パターンプラクティスとの相性もいいので、試してみるといいでしょう。

【多読】

　文字通り、英文書籍を大量に読む勉強方法です。ただし、ストレスを感じない程度に易しい書籍を、学習者が好みに応じて選択していくのがコツです。選択する書籍の難易度の目安は、知らない単語が固有名詞も含めて5%以内で、1分間に100語程度のスピードで読めるものです。適切なレベルの教材を使えば、ストレスをあまり感じることなく大量の英語表現に触れることができます。

　大量に英文を読むことで、いちいち日本語に訳すことなく意味を理解できる、つまり「自動化」されたフレーズを増やすことが最大の目的です。例えば"I like baseball."という表現であれば、日本語に訳さなくても意味が分かりますね。こうしたフレーズの量が増えれば、自然と英語の能力は向上します。そしてそのためには難しいものより、むしろ易しめの文章のほうが効果的です。

　現在では「100万語多読」（酒井邦秀）という言葉が定着し、100万語が多読の一つの目標となっています。これだけ読めば、相当な「自動化」が実現するとされています。100万語と聞くと引いてしまうかもしれませんが、1分で100語読んでいけば1時間で6000語、それを10日続ければ60000語になります。100万語というのは、実は1年もあれば十分実現可能な数字なのです。

　実際に読む書籍は、多読用のeラーニング教材やアプリを利用すると楽に選択できます。本学新習志野キャンパスの図書館「多読コーナー」にも、英語版の漫画などが揃っていますので、利用してみてはどうでしょうか。

【シャドウイング】

　耳で聞いた英文を、そのまま発音する勉強方法です。もともとは同時通訳の訓練方法として始まり、多読に比べればかなりストレスのかかる勉強方法ですが、その分大きな効果を見込めます。具体的には以下の手順で行います。

①シャドウイングするテキストを文字で読み、文法事項、語彙など、内容を理解する。何となく理解するのではなく、一字一句しっかりと理解してください。

②テキストを見ながら、まずは音声を聞きます。その後、やはりテキストを見ながら、音声の発音を真似て音読します。

③テキストを見ずに、音声だけを聞いて、少し後から発音していきます。ここで重要なのは、音を真似るだけでなく、意味もイメージしていくことです。自分の発音を録音し、聞き返して間違いなどを確認してください。

　教材は、シャドウイング用のテキストなどが市販されていますが、お金をかけたくないのであれば、字幕機能がついている映画の配信やDVD、YouTubeなどの動画を利用するといいでしょう。

1. CHAPTER 16 まとめ（分詞・分詞構文）

● GET READY ●

基本文の確認

1. 形容詞としての分詞

1-**A**）He held a sleeping baby in his arms.

2-**A**）The boy was looking for the stolen treasure.

3-**A**）The treasure stolen by the thief was in the cave.

2. Cになる分詞句

1-**A**）He left his brother sleeping in the bed.

2-**A**）The boy heard his name called by someone.

3-**A**）The boy came running with his dog.

3. 分詞構文（1）

1-**A**）Remembering his hometown, he felt nostalgic.

2-**A**）Seen from a distance, he looks cool.

3-**A**）Weather permitting, guests can dine outside in the garden.

4. 分詞構文（2）

1-**A**）The detective was irritated, not having any clues to follow.

2-**A**）Not trained properly, the dog always barks noisily.

3-**A**）Having finished his homework, the boy went to the old house.

※分からない箇所があったら、該当ページを読みなおしましょう

● LET'S TRY ●

★教科書を閉じて音声だけで練習してみましょう！

1. 音声を聞き、基本文を復唱しましょう。 ◁))246

2. 日本語を聞き、英語に訳しましょう。 ◁))247

2. CHAPTER 17 まとめ（不定詞・疑問詞 to do）

● GET READY ●

基本文の確認

1. 名詞的用法

　1-**A**) To learn a new language requires time.

　2-**A**) My goal is to become a doctor someday.

　3-**A**) What do you like to do in your free time?

2. 形容詞的用法・副詞的用法

　1-**A**) We need a place to stay for the night.

　2-**A**) Joe left the house to catch the first train.

　3-**A**) I was foolish to lend my bike to him.

3. 疑問詞 to do / *whether* to do

　1-**A**) What to do is completely up to you.

　2-**A**) The problem is what to wear to the party.

　3-**A**) Andy needed to decide what to eat for his lunch.

4. Cになる不定詞

　1-**A**) The man seemed to know the story.

　2-**A**) My mother wanted me to go shopping.

　3-**A**) We saw a man walk across the road.

※分からない箇所があったら、該当ページを読みなおしましょう

● LET'S TRY ●

★教科書を閉じて音声だけで練習してみましょう！

1. 音声を聞き、基本文を復唱しましょう。 🔊248

2. 日本語を聞き、英語に訳しましょう。 🔊249

3. CHAPTER 18 まとめ (関係詞)

● GET READY ●

基本文の確認

1. 関係代名詞 (主格)

  1-A) I need a guide who speaks French.

  2-A) The family lives in a large house which sits on a hill.

  3-A) The girl who is wearing a blue dress is my niece.

2. 関係代名詞 (目的格)

  1-A) I don't know the man whom I met in the library yesterday.

  2-A) This is the song which my mother likes very much.

  3-A) The woman whom I saw at the supermarket yesterday lives next door.

3. 関係代名詞 (所有格・前置詞＋関係代名詞・what)

  1-A) I know a man whose wife is a famous singer.

  2-A) She is a friend whom I often go shopping with.

         She is a friend with whom I often go shopping.

  3-A) I couldn't remember what I wrote in my last letter.

4. 関係副詞

  1-A) The house where my grandmother used to live was very big.

  2-A) Wednesday is the day when I am off.

         Wednesday is when I am off.

  3-A) I don't know the reason why she left town.

         I don't know why she left town.

※分からない箇所があったら、該当ページを読みなおしましょう

● LET'S TRY ●

★教科書を閉じて音声だけで練習してみましょう！

1. 音声を聞き、基本文を復唱しましょう。 🔊250

2. 日本語を聞き、英語に訳しましょう。 🔊251

4. CHAPTER 19 まとめ (仮定法)

● GET READY ●

基本文の確認

1. 仮定法過去

1-A) If I were a cat, I could sleep all day long.

2-A) If you could speak English, would you go abroad to study?

3-A) Yuki wouldn't say that.

2. 仮定法過去完了

1-A) If I had stayed awake a little longer, I would not have missed the scene.

2-A) If Khulan hadn't talked to me then, I would not be in the Chibany Club now.

3-A) Khulan could have done it much better.

3. 仮定法未来

1-A) Even if Japan were to sink under water, Andy wouldn't stop playing the game.

2-A) If you were to change your major, what would you want to study?

3-A) If it should rain tomorrow, I would stay in my room.

4. イディオム

1-A) I wish I were there.

2-A) You talk as if you were Yuki.

3-A) If it had not been for Yuki's help, I would have failed the class.

※分からない箇所があったら、該当ページを読みなおしましょう

● LET'S TRY ●

★教科書を閉じて音声だけで練習してみましょう！

1. 音声を聞き、基本文を復唱しましょう。 ◁)) 252

2. 日本語を聞き、英語に訳しましょう。 ◁)) 253

MEMO

主な参考文献・教材

英語音声学研究会『大人の英語発音講座』(日本放送出版協会、2003年)

クリス・コプロスキ、アニタ・スグナン、西村喜久『CD BOOK 英語の発音トレーニングブック』
　(明日香出版社、2002年)

靜哲人『日本語ネイティブが苦手な英語の音とリズムの作り方がいちばんよくわかる発音の教科書』
　(テイエス企画株式会社、2019)

白井恭弘『外国語学習の科学』(岩波新書、2008年)

清水あつ子、斎藤弘子、高木直之、小林篤志、牧野武彦、内田洋子、杉本淳子、平山真奈美
　『大人の英語発音講座〈新装復刊〉』(研究社、2023年)

上智大学 CLT プロジェクト『コミュニカティブな英語教育を考える』(アルク、2014年)

竹内真生子『[Web動画付き] 日本人のための英語発音完全教本』(アスク、2022年)

竹林滋、斎藤弘子『英語音声学入門』(大修館、2008年)

西蔭浩子『英語リスニングのお医者さん【改訂新版】』(ジャパンタイムズ出版、2020年)

野中泉『英語舌のつくり方──じつはネイティブはこう発音していた！』(研究社、2018年)

深澤俊昭『改訂版　英語の発音パーフェクト学習辞典』(アルク、2020年)

牧野武彦『日本人のための英語音声学レッスン』(大修館書店、2018年)

松坂ヒロシ『英語音声学入門』(研究社、2021年)

横山雅彦、中村佐知子『英語のハノン初級──スピーキングのためのやりなおし英文法スーパードリル』
　(筑摩書房、2021年)

横山雅彦、中村佐知子『英語のハノン中級──スピーキングのためのやりなおし英文法スーパードリル』
　(筑摩書房、2021年)

「パタプライングリッシュ」(アプログ合同会社)

編集担当	小出仁徳 (日栄社)
イラスト	東海林ユキヱ
表紙デザイン	木村祐一 (ゼロメガ)
本文デザイン・DTP	木村祐一・濱野実紀 (ゼロメガ)

Boost Up!
CIT English Starter

2024年4月1日　初版発行

著　者	千葉工業大学教育センター英語教室
	相原直美 (Chapter 3, 18／付録7, 10, 11)
	越智敏之 (Chapter 2, 16, 19／付録2, 15, 16)
	木村博子 (Chapter 7, 13／付録 6, 8, 12)
	中村　達 (この教科書の使い方／Chapter 8, 11*, 12／付録3, 4)
	浜野志保 (Chapter 1, 5, 9, 11**, 16**／付録1, 14)
	三村尚央 (Chapter 4, 10, 17／付録5, 13)
	山内政樹 (Chapter 6, 14, 15, 20／付録9)
	Kirk Richard Johnson (英文校正)　　　*Dialogue以外　**Dialogueのみ
発行者	末井幸作
発行所	株式会社　明月堂書店
	〒162-0054　東京都新宿区河田町3-15　河田町ビル3階
	TEL：03-5368-2327　FAX：03-5919-2442
	http://meigetu.net/
印刷・製本	光栄印刷 株式会社